朝日新書
Asahi Shinsho 514

ぼくらの民主主義なんだぜ

高橋源一郎

朝日新聞出版

ぼくらの民主主義なんだぜ　目次

＊初出　朝日新聞「論壇時評」２０１１・４・28から２０１５・３・26まで月１回の連載を収録。新書化にあたってタイトルを一部変更し、加筆しました。各回の文章末尾にある日付は掲載日です。
＊出典表示は原則、新聞掲載時のものです。
＊ネットからの引用は、一定時間後、読めない場合があります。

ことばもまた「復興」されなければならない

東北を地震と津波が襲った3月11日から何日かたって、東京から新幹線に乗った人がいた。車両は、子ども、というか赤ん坊を連れた母親ばかりで、通路には、何台も乳母車（バギー）が置かれていた。その人は、最初、母親と子どもの団体が乗りこんだものと考えた。だが、通過する駅ごとに、母親と子どもが消えてゆくのを見て、偶然、同じ列車に乗り合わせただけだとわかった。母親たちは、手短に情報を交換し、「義援金を送ったわ」といい、それから、目的地に着くと、「ごきげんよう」と残る母親にいって降り立った。破壊された原発から流出した放射性物質による汚染を恐れて「疎開」する母親たちだ。その人は、母親たちが、情報を鵜呑《うの》みにすることなく、自分の「身の丈《たけ》」に従って取捨選択し、行動している様子を、好ましい、と感じた。そうわたしに話してくれたのは、66年前の3月10日、東京大空襲で10万人が亡くなった時、炎の中を逃げまどい、かろうじて生き残った人だった。

「論壇」ということばが、社会的なテーマについて議論をする場所、を意味するなら、2011年3月11日以降、この国のあらゆる場所が「論壇」になった。

いわゆる「論壇雑誌」だけではなく、テレビや新聞を筆頭にマスコミやインターネットから、ふだんは芸能人のゴシップやアイドルの水着写真を掲載する雑誌にまで、「震災と原発」をめぐることばが溢《あふ》れた。わたしたちすべてが、否応《いやおう》なく「論議」に参加するよう求められた。あるいは、「巻きこまれた」のである。

「震災」をめぐる、膨大なことばたちには、いくつかのはっきりした特徴があるように思えた。一つは、この「震災」を、66年前の「敗戦」になぞらえるもの。その代表が、御厨貴の「『戦後』が終わり、『災後』が始まる」〈1〉だ。御厨貴は、「3・11」を、2001年のアメリカ同時多発テロ「9・11」と比較し、関東大震災と比較し、東京大空襲や敗戦と比較し、時代を画するものと位置づける。御厨だけではない。「論壇」のことばに、一斉に、まるで示し合わせたように、「敗戦」や「空襲」や「焼け跡」が蘇《よみがえ》った。不思議なのは、それを経験したことのない世代までが、過去の風景を蘇らせたことだった。崖から落ちる者の脳裏には、落下してゆく僅《わず》かな時間に、過去のすべての風景が蘇るという。ならば、「3・11」という、凄《すさ》まじい落下は、日本人が忘れていた過去の記憶の封印を解いたのかもしれない。

「3・11」が、66年前の（第一の）「敗戦」に次ぐ、（第二の）「敗戦」であるなら、かつてそうであったように、わたしたちは、（第二の）「復興」を目指せばいいだけだ。困難かもしれないが、複雑な道筋ではない。だが、実際には違ったのである。

そのとまどいを、東浩紀はツイッター上で正直にこう告白している〈2〉。「多くのひとが言っているとおり、この一連の事件は66年前の敗戦にどことなく似ている。しかし問題は（震災数日後に呟《つぶや》いたが）、それが『戦後』に似ているのか『戦中』に似ているのか。戦後に似れば日本はこれから復興に向かい希望がもてるが、戦中に似るとなるとどうも暗い」

もしかしたら、わたしたちが向かおうとしているのは（第二の）「戦後」ではなく、（第二の？）「戦中」ではないのか。だとするなら、わたしたちが目の前にしている「戦争」とは、何だろうか。

成長期を過ぎ、衰退の道を歩み始めたこの国がなしとげねばならない「復興」の困難な戦いのことだろうか。終わりの見えない「原発」収拾への道なのか。あるいは、「原発推進派」と「反原発派」の、憎悪の応酬にも似たやりとりのことなのだろうか。それらすべてを含めた、霧のように霞《かす》んで見えない未来を前にして、立ちすくむしかないことが、わたしたちに「戦争」を感じさせるのだろうか。

わたしが目にした「論壇」のことばは、「震災」以前のものと、ほとんど変わりがなかった。新しい事態を説明するためのことばを、多くの論者は、持ち合わせていないように、わたしには思えた。そのせいだろうか、この1カ月、わたしが目が醒《さ》める思いで読んだのは、「論壇」以外のことばだ。それは、たとえば、城南信用金庫の「脱原発宣言」であり、ユーチューブ上で公開された、理事長のメッセージだった〈3〉。

そこで目指されているのは、すっかり政治問題と化してしまった「原発」を、「ふつうの」人びとの手に取りもどすことだ。「安心できる地域社会」を作るために、「理想があり哲学がある企業」として、「できることから、地道にやっていく」という、彼らのことばに、難しいところは一つもないし、目新しいことが語られているわけでもない。わたしは、「国策は歪《ゆが》められたものだった」という理事長の一言に、このメッセージの真骨頂があると感じた。「原発」のような「政治」的問題は、遠くで、誰かが決定するもの。わたしたちは、そう思いこみ、考えまいとしてきた。だが、そんな問題こそ、わたしたち自身が責任を持って関与するしかない、という発言を一企業が、その「身の丈」を超えずに、してみせること。そこに、わたしは「新しい公共性」への道を見たいと思った。

壊滅した町並みだけではなく、人びとを繋《つな》ぐ「ことば」もまた「復興」されなければならないのである。２０１１・４・28

〈1〉御厨貴「『戦後』が終わり、『災後』が始まる」（「中央公論」2011年5月号）

〈2〉東浩紀（http://twitter.com/#!/hazuma/status/53735915352358912　2011年4月1日）

〈3〉「城南信用金庫が脱原発宣言～理事長メッセージ」（http://www.youtube.com/watch?v=CeUoVA1Cn-A&feature=youtu.be　2011年4月14日）

非正規の思考

震災と原発事故のニュースを、カリフォルニアで聞いた加藤典洋〈1〉は「これまでに経験したことのない、未知の」「自責の気持ちも混じった」「悲哀の感情」を抱いた。その理由は「大鎌を肩にかけた死に神がお前は関係ない、退け、とばかり私を突きのけ、若い人々、生まれたばかりの幼児、これから生まれ出る人々を追いかけ、走り去っていく。その姿を、もう先の長くない人間個体として、呆然《ぼうぜん》と見送る思いがあった」からだ。同じような、強い自責に似た思いと感情が、わたしにもある。たとえば原発問題を、心の中では気にかけていたのに、結局、何もしなかった。そして、そのツケは、もっと若い誰かに回されるのだ。

加藤は、今回の件を受け、自分の場所ですべてを根底的に考えることを責務としたい、として、最後にこう書いた。「すべて自分の頭で考える。アマチュアの、下手の横好きに似たやり方だが、いわゆる正規の思想、専門家のやり方をチェックするには、こうしたアマチュアの関心、非正規の思考態度以外にはない」
「世界」6月号に驚いた読者も多かったのではないだろうか。「反原発」派の拠点と見なされる同誌に、およそ毛色の合わない、資本主義の権化のような孫正義〈2〉や自民党議員の河野太郎〈3〉が登場していたからだ。二人は共に、「原子力村」を中心に運営されてきた、秘密と隠蔽《いんぺい》に満ちた原子力政策を批判し、それに対抗するものとして自然（再生可能）エネルギーの採用を主張している。それは、原子力発電が危険であるからだというより、そのコストが決して安くはなく、未来のない産業であるからだ。河野は、さらにネット上の生中継〈4〉で、「反原発」に批判的な池田信夫の質問にも答えている。どんな場所へも出向き、諄々《じゅんじゅん》とわかりやすく語りつづける河野の、この軽やかさこそが、彼の主張にも増して新しさを感じさせる。

先のネット対談で、「廃棄物は日本海溝の下に埋めるか、シベリアやモンゴルに金で引き取ってもらえば？」という挑発的な質問に対して、河野は、ずっと先の世代を縛るわけにはいかない、それは、経済的合理性の問題ではなく、「文明論に近い」問題なのだ、と答える。

「ずっと先の世代」とは、加藤のいう「これから生まれ出る人々」のことだ。わたしたちが議論の外に置いてきた、まだ存在せぬ人びとを、この問題の大切な関係者として召喚《しょうかん》すること。これもまた、「正規の思想」にはなかったことだ、とわたしは感じるのである。テーマが切迫したものであればあるほど、逆に、広く、遠く、枠を広げて論じる姿をわたしは見たい。たとえば、目の前にある危機である「原発事故」を「文明論」の中で考えようとする、関曠野〈5〉や中沢新一〈6〉のように。

関は、原子力は本来ニュートン物理学の枠外に位置しているとする。それは、日常の感覚では理解できない種類の存在であり、それ故、人びとを不安に陥れ続けるのだ。一方、中沢は、「生物の生きる生態圏の内部に、太陽圏に属する核反応の過程を『無媒介』のままに持ち込んだ」原子力発電は、他のエネルギー利用とは本質的に異なり、我々の生態系の安定を破壊する、とした上で、さらに踏み込んで、本来そこに所属しない「外部」を、我々の生態圏に持ち込む有り様は、一神教と同じとする。「原子力技術は一神教的な技術」であり、「文明の大転換」を試みねばならない、という中沢の主張は、いま、奇異には聞こえない。

「3・11」の大きな影がおおう中、十年前、世界を震撼《しんかん》させた「9・11」の首謀者ビンラディンが米国の手で殺害された。それがもはや大きな話題にならないのは、どうやら日本だけではないようだ。

エジプトの日刊紙「アハラーム」のコラム〈7〉は、アルカイダの最大の危機は、ビンラディンの殺害によってではなく、アラブ民主革命から来るだろうと書く。テロリズムは、もはや「古い」のである。イスラム世界に仇《あだ》なすアメリカと真っ向から対決するテロ、という「正規の思想」が認めた構図の終わりを、コラムは冷徹に宣言している。

このコラムの翻訳版は、東京外大の翻訳プロジェクト「日本語で読む中東メディア」で発表された。一連の中東革命の記事で、わたしがもっとも頼りにしたのは、一大学の献身的な努力によって成り立っているこのサイトだった。

もう一つ読んでみよう。パレスチナ人作家カマール・ハラフが英国の独立系アラビア語紙「クドゥス・アラビー」に寄稿した「はっきりと、シリアの体制を支持する」という驚くべきタイトルのコラム〈8〉だ。自由を求める人びとにシリア政権が無慈悲な弾圧を続けている、と誰もが疑わない中、筆者は、すべての権利を奪われたパレスチナ難民の、人間としての権利を憲法に書き込んでくれたのはアサド前大統領であった、として、「異なる意見を持つ権利」を自分たちにも認めるよう静かに訴える。真実は一色ではない。「原理主義対アメリカ」が、「正規の思想」が認めてきた対決の構図なら、「若者たちのアラブ民主革命」という美しいイメージも、それを絶対のものと信じるなら、すぐさま、新しい規範になってしまうのかもしれない。決して冷静さを失わないハラフのコラムに、同時に、わたしは、魂の叫びを感じた。そして、これこそが「非正規の思考態度」ではないか、と

いう思いも。２０１１・５・26

〈１〉加藤典洋「死に神に突き飛ばされる」（「一冊の本」２０１１年５月号）
〈２〉孫正義「東日本にソーラーベルト地帯を」（「世界」２０１１年６月号）
〈３〉河野太郎「エネルギー政策は転換するしかない」（同）
〈４〉河野太郎・池田信夫　ＢＬＯＧＯＳ対談「エネルギー政策を考える」（http://www.ustream.tv/channel/ld-blogos　２０１１年５月19日）
〈５〉関曠野「ヒロシマからフクシマへ」（「現代思想」２０１１年５月号）
〈６〉中沢新一「日本の大転換（上）」（「すばる」２０１１年６月号）
〈７〉「伝説の終わり」（「アハラーム」２０１１年５月４日付＝日本語訳版　http://www.el.tufs.ac.jp/prmeis/html/pc/News 20110505_103910.html）
〈８〉カマール・ハラフ（「クドゥス・アラビー」２０１１年５月16日付＝日本語訳版　http://www.el.tufs.ac.jp/prmeis/html/pc/News 20110517_141457.html）

みんなで上を向こう

20歳だった頃、ぼくは、ある大手自動車工場の季節労働者として働いていた。同じような仕事をしていても正社員とは待遇で大きな差をつけられていた。ある時、不思議な社員がひとり混じっていることに気づいた。彼は正社員なのに、ぼくたち季節労働者のように無視されていた。やがて、彼がかつての「左派」の組合の生き残りで、会社との共存を目指すいまの組合から徹底して疎《うと》んじられていることを知った。夜明け近く、夜勤が終わろうとした時、停止中のベルトコンベヤーの横で、彼と話したことがあった。

「なんだか、この職場、暗いですね」

「労働運動がなくなったからね」

「……労働運動って、何ですか?」

ぼくがそう訊《たず》ねると、彼は、数秒押し黙り、こう答えた。

「みんなで上を向くことかな」

ぼくは9カ月働いたが、結局、彼に話しかける社員は一人もいなかった。

原発事故の当事者である「電力総連」から、なぜか、この事故についてのはっきりしたメッセージは出てこない。その疑問に答えるように、木下武男は原発事故の原因の一つが労働組合だと書いた〈1〉。「労使癒着」によって「チェック機能の完全喪失」が生じたのである。木下は、戦後の労働運動の歴史を振り返る。1950年代に起きた民間大企業の争議で、産業別労働組合を中心にした労働運動側は敗れた。その結果、「労働者は企業ごとに横に分断され、つぎは、この閉ざされた空間のなかに、縦へ上昇する『競争』システムが組み込まれることになった」。「労働者」は「カイシャイン」になったのである。この「企業主義的統合」は、やがて新しい「格差」を産む。正社員は中間層として、下請け労働者を管理する存在となる。木下は、東電のある社員の「ラドウェイ作業（廃棄物処理）は、被ばく量が多いので請負化してほしい」ということばに、「企業的統合」の行き着く先を見ている。

その請負労働（被曝《ひばく》労働）の中身を見つめたのが今野晴貴だ〈2〉。「現代労働問題の縮図としての原発」というタイトルに、論考の意味は圧縮されている。

原発は、様々な「被曝労働」を必要としている。その中でもっとも危険なものの一つは、定期点検中の清掃作業で、それを担当する下請け作業員は「農村や都市スラムから動員される」のだ。そして、彼らの姿は、「電力の消費地帯としての東京」からは見えないのである。

木下や今野が、原発と労働の関係に焦点を当てたとするなら、開沼博は原発と地域社会の関係に注目する。なぜ、原発は「福島」にあるのか。その謎を徹底的に追及したのが、『「フクシマ」論　原子力ムラはなぜ生まれたのか』だ〈3〉。まだ20代の、福島県出身の大学院生の修士論文が一躍脚光を浴びることになったのは、ぼくたちがもっとも知りたかったことが書かれているからだ。福島に原発が到来した理由を調べることは、「原子力」を鏡として、戦後そのものを、あるいは、近代140年の歴史を見つめ直す試みでもあった。3月11日の直前に完成した、この長大な論考は、その日を予期したかのような発見に満ちている。

著者がいう「原子力ムラ」は、いわゆる、中央の、原子力を囲む閉鎖的な官・産・学問の共同体のことではない。福島のような、原発と共に生きることを選んだ地方の「ムラ」のことだ。

「成長は中央にとってのものであり、ムラにとってのものではなかった」。その中で「原発誘致」が始まる。「福島第一原発建設計画は『東北のチベット』と自称しながら困窮に悶《もだ》えるムラの発展をかなえる『夢』として提示された。確かに原発は一時の繁栄を「ムラ」に与えた。だが、結局は、「ムラ」を「原発依存症」にしただけではなかったか。気づいた時には、もう他の選択肢はなかった。ぼくたちに、そんな「原子力ムラ」のほんとうの姿は見えなかったのだ。

「週刊東洋経済」が「身を守る科学知識」を特集し〈4〉、「宣伝会議」に科学技術の専門家への疑問に関する論考が掲載される〈5〉。いま、多くの雑誌はその「専門」の枠を超え、必要な知識を探ろうとしているように見える。

「科学」で、鷲田清一は、原発事故は、ぼくたちが「見えない」ものに囲まれていることを明らかにした、と書いた〈6〉。「原子力の世界」の内幕が「見えない」、「原子力工学の研究者」の考え方が「見えない」。多くのものが「見えない」ままだ。だが、「見えているのに見てこなかった」ものはさらに多いのではないか、と筆者は付け加える。

木下や今野はぼくたちが「見てこなかった」労働者を白日の下にさらし、開沼は「見てこなかった」ムラを提出する。ぼくたちひとりでは「見えない」ものも、専門家は見せてくれることができる。だが、専門家が見つけたものにはそれを「見よう」という強い意志を持つ、ぼくたちのような素人が必要なのだ。

最後に、ネット上で話題を呼んだ動画（宮崎駿の菅首相へのメッセージ〈7〉、反原発デモの集会での歴史社会学者・小熊英二の挨拶《あいさつ》〈8〉）とツイッター（作家・矢作俊彦の

「鼻をつまんで菅を支持する」〈9〉にも触れておきたい。それらのことばは、一見、関係ないようでいて、彼らの「専門」との深い関連を感じさせる。共通しているのは、忘れられていた「みんなで上(未来)を向こう」という思いではなかったか。2011・6・30

〈1〉木下武男「東電の暴走と企業主義的統合」(「POSSE」11号)
〈2〉今野晴貴「現代労働問題の縮図としての原発」(同)
〈3〉開沼博『「フクシマ」論 原子力ムラはなぜ生まれたのか』(青土社、2011年6月刊)
〈4〉特集「身を守る科学知識」(「週刊東洋経済」2011年6月18日号)
〈5〉「宣伝会議」2011年6月1日号
〈6〉鷲田清一「見えないもの、そして見えているのにだれも見ていないもの」(「科学」2011年7月号)
〈7〉宮崎駿(http://www.youtube.com/watch?v=fOrIuDBaivI 2011年6月19日)
〈8〉小熊英二(http://www.youtube.com/watch?v=Ki2KI9pmXto 2011年6月11日)
〈9〉矢作俊彦(http://togetter.com/li/153442 2011年6月24日)

スローな民主主義にしてくれ

『100000年後の安全』〈1〉は、フィンランドの、地下500メートルに建設される放射性廃棄物の最終処分場についてのドキュメンタリー映画だ。カメラは、施設最奥にまで入りこみ、監督は、建設に関わる人びとにインタビューする。ほんとうに安全なのか。未来の人びとに、どう警告するつもりなのか。鋭い質問に、関係者たちは、時に絶句し、考えこむ。そして、彼らは最後に、「自分のことば」で答えようとするのである。

その応答を見て、観客は、質問する者と回答する者がいわゆる「反原発」派と「原発推進」派であることを忘れる。なぜなら、双方に、会話を成り立たせようという強い意志が感じられるからだ。制作者の意図とは異なるかもしれないが、徹底した「情報公開と透明性」を貫く、フィンランドという国の民主主義のあり方の方に、ぼくは強い印象を受けた。

日本と同様、国策として原発を推進するフランス国家を代表してジャック・アタリは「一〇〇%の透明性ですべてを公表せよ」と発言している〈2〉。

「民主主義国家でなければ、いかなる国でも原子力エネルギーを使うべきではないと思います。私からみれば、民主主義は原子力エネルギーを使う必須条件です。原子力エネルギーは透明性を意味するからで、透明性がなければ民主主義国家ではありません」というアタリのことばが正しいなら、日本は民主主義国家ではなく、原子力エネルギーを使う権利も能力も持たないことになる（いったん事故を起こすと制御不能な原発は、民主主義の下では不可能、という考え方もあるが）。だとするなら、日下公人の「『町営原発（株）』設立のすゝめ」〈3〉も、夢想ではなく、情報公開と透明性を拒み続ける政府や電力会社に、もはや原子力を託することはできないという憤りの発露として読むことができる。

震災と原発事故は、この国の民主主義の重大な欠陥を炙《あぶ》りだした。では、どうすればいいのか。

丸山仁は「ポスト3・11のキーワード」として「スローライフの政治（学）」を提唱している〈4〉。「投票」中心の議会制民主主義は、結局、いくらでもスピードアップ可能な「ファスト民主主義」に行き着く。しかし、「私たちの意見は、熟慮を介して、また他者との真摯《しんし》な討議を通じて、はじめて確固たるものに成長する」。だから、必要なのは「熟議民主主義（スローな民主主義）」だ、と丸山はいう。原子力発電の行方のような、ぼくたちの運命に直接関わる事柄を、一握りの「原子力ムラ」の住人に委ねず、「シビリアン・

コントロール」体制を構築すること。そのための、政治的立場を超えた「対話」を、丸山は「スローな民主主義」と呼ぶのである。

日本原子力学会といえば、国・電力会社とならぶ「原子力ムラ」の有力メンバーだ。その学会誌「アトモス」を読んだ。そして、いい意味でぼくの予想は裏切られた。6月号で原子力業界のコミュニケーション不足を厳しく批判した小出重幸〈5〉、同号で「自分と同質の意見を持つ集団の中でのみ意見交換をする心地よさに安住してはなるまい」と学会の内向きな性格を指摘した北村正晴〈6〉、7月号で原子力発電への根本的な疑問を提示した長谷川眞理子〈7〉。内部と外部からの、厳しい意見を続けて掲載した誌面からは、誠実さが伝わってきたからだ。

学会のホームページで読むことができる「原子力学会倫理規程」〈8〉は、科学技術、とりわけ原子力のような巨大な災禍を引き起こすかもしれない技術にたずさわる者の倫理を記して、強い説得力を持つ。けれど、ぼくがもっとも感心したのは、制定する過程で寄せられたいくつもの疑問、特に、立場を異にする者への真摯な応答だった。「反原発」の意見を持つ者は入会してはいけないのか、という問いに、制定委員会は「代替策を明示し、現在の原子力利用をどうしていくのかを示す」「努力をする者は会員の資格を有する」と答えている〈9〉。つまり、立場を超えて「対話」する必要がある、と。もちろん、それは学会の総意ではないのかもしれない。だが、「対話」を欲する層は確実に存在している。原発問題がどのような形で収拾されようと、これから、ぼくたちには、長い「廃炉」への旅が、科学技術の「敗戦処理」の長い道が、待っている。そこでは、「推進派」の彼らの技術が必要なのだ。「アトモス」誌上で、「原子力ムラ」と「反（脱）原発」派との実り豊かな対話が始まる時、ぼくたちは、この国に「スローな民主主義」が生まれる可能性を見ることになるのかもしれない。

最後に、今月もっとも面白かった、「現代思想」の「特集　海賊　洋上のユートピア」について触れておきたい。

ベネディクト・アンダーソンは、もともと「主に、ヨーロッパがアメリカ大陸から奪い取ってきた金・銀などの鉱産物を運ぶ船」を襲い、奴隷貿易に無縁だった海賊の本質を「国家の敵・国民の友」と簡明に示している〈10〉。それは、ウィキリークスのような、国家が隠している情報をその国民に暴露するインターネット上の「海賊」たちも変わらないのだ、と。彼ら「現代の海賊」たちは犯罪者なのか、それとも、国家の枠を超えた「新しい民主主義」の実践者なのか。それは、いまこそ考えるに値する問題だ、とぼくには思えた。　２０１１・７・28

〈1〉映画「１０００００年後の安全」（マイケル・マドセン監督、２００９年、日本公開は２０１１

年4月）
〈2〉ジャック・アタリ「フクシマ問題は〝原子力の危機〟にあらず」（「Voice」2011年8月号）
〈3〉日下公人「『町営原発（株）』設立のすゝめ」（同）
〈4〉丸山仁「今何故『スローライフの政治（学）』か」（「現代の理論」2011年夏号）
〈5〉小出重幸「福島第一原発事故とコミュニケーション」（「アトモス」2011年6月号）
〈6〉北村正晴「福島第一事故からの『学び』」（同）
〈7〉長谷川眞理子「文明の先を見据える」（「アトモス」2011年7月号）
〈8〉「原子力学会倫理規程」http://www.aesj-ethics.org/02_/02_02_/
〈9〉「原子力学会Q&A」http://www.aesj-ethics.org/document/pdf/qanda/QandA0106.pdf
〈10〉ベネディクト・アンダーソン「国家の見えざる敵」（「現代思想」2011年7月号）

柔らかくっても大丈夫

まいりました。「なにに?」って、スタジオジブリの小冊子「熱風」〈1〉の表紙に（中身じゃなくてすいません）。

ジブリのある東小金井の路上で、作業用のエプロンを着た宮崎駿御大が「NO! 原発」のプラカードを首からぶら下げ、ひとりでデモをしている。その後ろを、傘を持った女性と右手に「Stop」のプラカード・左手で犬を引いた男性が、付き従うように歩いている。デモというより、散歩みたい。というか、どう見ても、黄門様と助さん格さん（もしくは、大トトロと中トトロ・小トトロ）だ。自転車に乗り、たまたますれ違った男性が、「えっえっ? 変なオジサンかと思ったらミヤザキハヤオじゃん!」という表情を浮かべている。すごく面白い。けれど、ただ面白いだけじゃない。

この面白さは、この写真が醸しだす「柔らかさ」から来ている、とぼくは思った。「柔らかさ」があるとは、いろんな意味にとれるということだ。ぼくたちは、このたった一枚の写真から、「反原発」への強い意志も、そういう姿勢は孤独に見えるよという意味も、どんなメッセージも日常から離れてはいけないよという示唆も、でも社会的メッセージを出すって客観的に見ると滑稽だよねという溜《た》め息も、同時に感じることができる。

なぜ、そんなことをしたのか。それは、どうしてもあることを伝えたいと考えたからだ。そして、なにかを伝えようとするなら、ただ、いいたいことをいうだけでは、ダメなんだ。それを伝えたい相手に、そのことを徹底して考えてもらえる空間をも届けなければならない。それが「柔らかさ」の秘密なのである。

というわけで、「熱風」の表紙を見た後で、後継首相レースへの出馬宣言をしたノダさん・マブチさん、カンさんと対立して涙を流したカイエダさんが、それぞれの政策について書いたり語ったりするのを読むと、ほんとにガクっとくる〈2〉。ぜんぜん面白くない。それに、表現はバラバラだけど中身はそっくりだ。

事故があった以上原発推進政策は困難だが、経済のことを考えると性急な廃止は無理。財政状態が厳しいので増税は必要だが、いますぐは無理。その他もろもろ。一言でいうなら「現実主義」だ。だが、彼らの「現実主義」は、いまある制度の存続を前提にしてものを考えるということだ。この半年、この国で起こったことから、なにも学ばなかったのだろうか。彼らには、いいたいこと、国民に伝えたいメッセージなどないのかもしれない。

ほんとに伝えたいことがあったら、もっと工夫するはずだよね。

ところで。かねがね不思議に思っているんだけど、次の首相を目指す政治家は、「文藝春秋」に政策とか構想を発表しなきゃいけないんだろうか。理由はわからないが、それが「現実主義」的行いだということだけはなんとなくわかる。

そして、ノダさん・マブチさん・カイエダさんと同じ誌面で「芥川賞発表」が行われているのを見ると、作家としては、とてもビミョーな気分になってしまう。「こういうのが由緒正しい『制度』だよ」っていわれてるみたいだから。

「神奈川大学評論」の「ジャスミン革命（中東革命）」の特集で、詩が三つ紹介されている〈3〉。ぼくは、これらの詩と解題を読み、複雑な感慨を抱いた。どれも「タハリール広場からの詩」と呼ぶべき作品で、革命の象徴ともなった広場での戦いを直接に歌っている。驚くのは、これらの詩が「いずれもテレビで発表され、その画像がユーチューブで公開されたり、ブログに転載されたりしたことで、多数の視聴者を得」たことだ。

たぶん、世界中でそうであるように、アラブでも、詩は長い間果たしてきた社会的役割を、失いつつあった。しかし、動乱の中で、詩のことばが復活する。翻訳と解題を担当した山本薫は、これらの詩が人びとの心を摑《つか》んだのは、「社会のあらゆる面で腐敗や偽善が横行していたために、言葉への信頼が失われていたエジプトで」「信頼に足る言葉が切に求められてい」たからだとしている。だとするなら、これは、ぼくたちの国と無縁なこととはとても思えない。

福島在住の詩人和合亮一がツイッター上で、震災を直接歌った詩を発信して大きな反響を呼び〈4〉、作家の川上弘美が雑誌「群像」上で、自作をリメークして原発事故の恐ろしさについて書き〈5〉、萩尾望都〈6〉やしりあがり寿〈7〉が、やはり震災や原発を、マンガで愚直なほどストレートに描いた。共通しているのは、詩や小説やマンガとしての完成度が最初から無視されていたことだ。彼らには「いいたいこと」があった。そのために、「制度」となった詩や小説やマンガとぶつからざるを得なかった。そんな風に、ぼくには見えた。それは、おそらく「表現」の分野だけの問題ではないはずなのだ。

最後に、中国鉄道事故に関して、日本人の感受性の乏しさを論じた藤原帰一のコラム〈8〉に触れたい。「日本では起こらない事故だという満足感は見られても、人命を軽視する高速鉄道による痛ましい事故を、自分に降りかかった災難と同じように悼む態度」がこの国ではほとんど見られない、と藤原は書く。その底流には根深い中国（だけではない）への蔑視・敵視の感情がある。ぼくたちの国の底で渦巻く禍々《まがまが》しいもの、それについてはいずれ触れたいと思っている。　２０１１・８・25

〈1〉「熱風」（２０１１年8月号）

〈2〉野田佳彦「わが政権構想」、馬淵澄夫「代表選　一匹狼の挑戦状」、海江田万里「覚悟の手記」（「文藝春秋」２０１１年9月号）
〈3〉「広場」「名もなき者」「タハリール広場からの断面」（「神奈川大学評論」69号）
〈4〉和合亮一、単行本として『詩の礫《つぶて》』（徳間書店、２０１１年6月刊）など
〈5〉川上弘美「神様２０１１」「神様」（「群像」２０１１年6月号、単行本『神様２０１１』は講談社、２０１１年9月刊）
〈6〉萩尾望都「なのはな」（「月刊フラワーズ」２０１１年8月号）
〈7〉しりあがり寿『あの日からのマンガ』（エンターブレイン、２０１１年7月刊）
〈8〉藤原帰一「鉄道事故で顕在化した日本人の乏しい感受性」（「週刊東洋経済」２０１１年8月13・20日号）

「そのままでいいと思ってんの？」

真っ白な放射線防護服を着て顔面をマスクで覆い隠した男が、無言で、こちらを指さし続けている……。こいつは誰？　いったい、なにを訴えているんだ。

8月末、福島第一原発の固定監視カメラの前に、突然映ったこの映像は、大きな話題となった。その後、「指さし男」本人がネット上に登場し〈1〉、過酷な環境下で働く原発作業員の実態を知ってもらいたくてやったのだと告白したけれど、彼が指さしたものは、もっとちがうなにかだったようにぼくには思えた。

あの「指さし」は、パフォーマンスアートの創始者のひとりヴィト・アコンチの模倣だといわれている。パフォーマンス（アート）は、ふつうの芸術とは異なり、時に強い政治性を帯びる。いま話題のバンクシーのように。

バンクシーは、イギリスの匿名グラフィティ（落書き）アーティストだ。彼は、警戒の目を盗んで、いずこからともなく現れ、建物の壁にメッセージ性の強い落書きを描き、すぐに立ち去る。キスし合う男の警官たち、立ち小便する儀仗兵《ぎじょう》、火炎瓶や石ではなく花束を投げる暴徒（？）。そして、彼の「作品」は公共の景観を害するものとしてたちまち消されてゆく。でも、バンクシーはこういう。

「街をマジに汚しているのは、ビルやバスに巨大なスローガンをなぐり書きして、僕らにそこの製品を買わないかぎりダメ人間だと思い込ませようとする企業のほうだ」〈2〉

「街をマジに汚している」連中に反論するために、バンクシーは、反撃の武器として壁を選ぶ。そして、ついには「国際法に照らせばほとんど違法」なイスラエルが占領地パレスチナに作りつつある巨大な壁に落書きするために出かけてゆく。狙撃兵のライフルに狙われることを承知で。

グラフィティアートを毛嫌いする人の理由ははっきりしている。自分がおとなしく従っている秩序に反抗する人間が疎《うと》ましいのだ。自分みたいにおとなしくいうことを聞け、と思うからだ。それは、デモを嫌う人たちの気持ちと似ている。

「指さし男」は、その「指さし」で、こういおうとしたのかもしれないな。

「そこのあんた、そのままでいいと思ってんの？　そんな遠くから見てるばかりじゃなにも変わりはしないよ」って。

バンクシーや「指さし男」みたいな、政治的な（パフォーマンス）アートは、時に、ひどいしっぺ返しを食らう。

9・11同時多発テロ直後、ドイツの現代音楽家シュトックハウゼンは、あのテロを「アートの最大の作品」と褒めたたえたとして凄《すさ》まじいバッシングに出会った（中沢新一の『緑の資本論』〈3〉に詳しい）。

それは別の意味で「事件」だった。彼がその前後でしゃべった「破壊のアートの、身の毛もよだつような効果」や「間違いなく犯罪」といったことばは意図的に削られ、彼の意図とは正反対の意味を持つものとして、その発言は流通していった。そのことをマスメディアは知っていたのに無視したんだ。そこには、世界を多面的に見ようとするアートのことばと、単純で図式的なマスメディアのことばのすれ違いがあった。いや、もしかしたら、自分たちのいいたいことを自由に発言する芸術家への、無意識の嫉妬がそこにあったのかもしれない。

鉢呂前経産相が、原発事故の後、住民が避難して無人となった町の様子を見て「死の町のようだ」といって批判され（もう一つ、「放射能つけちゃうぞ」発言もあるが、この報道経緯も謎めいている）、たちまち辞任に追いこまれた時、ぼくは、この「シュトックハウゼン事件」を思い出した。その少し前、ぼくも鉢呂さんとほぼ同じところに行き、「こういうの死の町っていうんだね」と呟《つぶや》いたばかりだったんだ。あんな程度で辞任させられるわけ？　意味わかんない……。

この「言葉狩り」としかいいようがない事件の後、東京新聞は社説でこう訴えた〈4〉。「自戒を込めて書く。メディアも政治家も少し冷静になろう。考える時間が必要だ。言葉で仕事をしているメディアや政治家が、言葉に不自由になってしまうようでは自殺行為ではないか」

「震災」の後、どこかで、ボタンのかけ違いが起こってしまったんだろうか。正しさを求める気持ちが突っ走り、その結果、逆に「正しさ」の範囲を狭めて、息苦しい社会が作られつつあるのかもしれない。だとするなら、「指さし男」のメッセージは、「そうやって、あなたたちは、誰かを指さし、攻撃しているけれど、一度その指を自分に向けてみてはどうだい？」なんだろうか。

原発事故を科学技術の歴史の中に位置づけてみせた山本義隆は、『海底二万里』のヴェルヌが、別の近未来小説の中で、科学技術の粋を集めた人工島が人間関係のもつれによって崩壊することを描いたことに触れ、「科学技術が自然を越えられないばかりか、社会を破局に導く可能性のあることを、そしてそれが昔から変わらぬ人間社会の愚かしさによってもたらされることを、はじめて予言した」と書いている〈5〉。どれほど科学技術が進歩しようと、それを扱う人間の愚かしさは今も昔も変わらない。そして、そのことにだけは、人は気づかないのである。
「指さし男」が、ぼくたちに向かってその「愚かしさ」を指さすまでは。

２０１１・９・29

〈1〉http://pointatfukulcam.nobody.jp/
〈2〉BANKSY『Wall and Piece』（パルコ、２０１１年7月刊）
〈3〉中沢新一『緑の資本論』（ちくま学芸文庫、２００９年刊）
〈4〉社説「自由な言葉あってこそ」（「東京新聞」２０１１年9月20日付）
〈5〉山本義隆『福島の原発事故をめぐって』（みすず書房、２０１１年8月刊）

一つの場所に根を張ること

80歳近いおじいさんが、ひとりで水田を耕している。その水田は、おじいさんのおじいさんが、子孫たちが食べるものに困らぬよう、狭く、急な斜面ばかりの島で30年もかけて石を積み上げて作った棚田だ。子どもたちは都会へ出てゆき、ひとり残されたおじいさんが、それでも米を作るのは、子どもや孫に食べさせるためだ。息が止まるほど美しい空や海に囲まれた水田の傍らでおじいさんが話している。次の代で田んぼはなくなるだろう。耕す者などいなくなるから。

「田んぼも、もとの原野へ還《かえ》っていく」といって、おじいさんは微笑《ほほえ》む。そして、曲がった腰を伸ばし、立ち上がる。新しい苗代を作るために。

山口県上関《かみのせき》町の原発建設に30年近く反対し続けている祝島《いわいしま》の人たちを描いた映画「祝《ほうり》の島」〈1〉の一シーンだ。

人口500人ほどの小さな島には、ほとんど老人しか残っていない。その多くは一人暮らしの孤老だ。彼らは、なぜ「戦う」のか。彼らが何百年も受け継いできた「善きもの」を、後の世代に残すために、だ。では、その「善きもの」とはなんだろうか。汚染されない海、美しい自然だろうか。そうかもしれない。

だが、その「善きもの」を受け取るべき若者たちが、もう島には戻って来ないことを、彼らは知っているのである。

四国電力伊方原発の出力調整実験への反対闘争について記した中島眞一郎〈2〉、新潟県巻町（当時）の原発建設の是非をめぐる住民投票について記した成元哲〈3〉、そして、祝島について報告した姜誠〈4〉。都会から遠く離れた場所での、孤独な「戦い」を記述した彼らの報告を読みながら、ぼくの脳裏には、映画で見た祝島の風景が蘇《よみがえ》った。

受け取る者などいなくても、彼らは贈り続ける。「戦い」を通じて立ち現れる、大地に根を下ろしたその姿こそが、ひとりで「原野へ還っていく」老人たちから、都会へ去っていった子どもたちへの最後の贈りものであることに、ぼくたちは気づくのである。

おそらく、世界中に「祝島」はあって、そこから、「若者」たちは「外」へ出てゆくのだ。では、「外」へ出ていった「若者」たちは、どうなったのか。

「こんなデモは今までに見たことがない」

9月18日夜、米ウォール街から北に200メートルばかり離れた広場に出向いた津山恵子は、まずこんな風に書いた〈5〉。

「参加者のほとんどは、幼な顔の10代後半から20代前半。団塊の世代や、1960~70年代の反戦運動を経験した世代など、『戦争反対』『自治体予算削減反対』『人種差別反対』などのデモで毎度おなじみの顔は全くない。いや、彼らは今までデモに参加したことすらないのだ」

世界を震撼《しんかん》させることになる「Occupy Wall Street」デモが始まった翌日の光景だ。いったい、彼らは、なんのためにどこから現れたのか。

肥田美佐子〈6〉は、豊かな社会の中で劇的に広がる「格差」が、彼らを、まったく新しいやり方で、街頭に繰り出させたと報告し、さらに、瀧口範子はリポート〈7〉にこう書いている。

「自然発生的に広がっていったOccupy Wall Streetは、まるで新しい共和国のような様相を呈している。最初は失業者やホームレスたちの集まりと見られていたが、そのうち若者や学生も加わり、整然と組織化されていった。組織といっても、弱肉強食のウォール街の流儀とは正反対のもの。話し合いを通じて、合意形成を図り、それを実践していくというものだ」

10月6日。『ショック・ドクトリン』の著者で、反グローバリズムの代表的論客、ナオミ・クラインは、彼らが占拠する広場で演説した。そこで、彼女は、一つの「場所」に腰を下ろした、この運動の本質を簡潔に定義している〈8〉。

「あなたたちが居続けるその間だけ、あなたたちは根をのばすことができるのです……あまりにも多くの運動が美しい花々のように咲き、すぐに死に絶えていくのが情報化時代の現実です。なぜなら、それらは土地に根をはっていないからです」

かけ離れた外見にかかわらず、「祝の島」のおじいさんとニューヨークの街頭の若者に共通するものがある。「一つの場所に根を張ること」だ。そして、そんな空間にだけ、なにかの目的のためではなく、それに参加すること自体が一つの目的でもあるような運動が生まれるのである。

上野千鶴子は大著『ケアの社会学』で、ケアの対象となる様々な「弱者」たちの運命こそ、来るべき社会が抱える最大の問題であるとし、「共助」の思想の必要性を訴えた〈9〉。

「市場は全域的ではなく、家族は万全ではなく、国家には限界がある」

背負いきれなくなった市場や家族や国家から、高齢者や障害者を筆頭とした「弱者」たちは、ひとりで放り出される。彼らが人間として生きていける社会は、個人を基礎とした全く新しい共同性の領域だろう、と上野はいう。

それは可能なのか。「希望を持ってよい」と上野はいう。震災の中で、人びとは支え合い、分かち合ったではないか。

その共同性への萌芽《ほうが》を、ぼくは、「祝の島」とニューヨークの路上に感じた。ひとごとではない。やがて、ぼくたちもみな老いて「弱者」になるのだから。　２０１１・10・27

〈1〉映画「祝の島」（纐纈《はなぶさ》あや監督、２０１０年）
〈2〉中島眞一郎「いかたの闘いと反原発ニューウェーブの論理」（「現代思想」２０１１年10月号）
〈3〉成元哲「巻原発住民投票運動の予言」（同）
〈4〉姜誠「マイノリティと反原発」（「すばる」２０１１年11月号）
〈5〉津山恵子「立ち上がった『沈黙の世代』の若者」（http://jp.wsj.com/US/node_315373　２０１１年9月28日）
〈6〉肥田美佐子「若者の『オープンソース』革命は世界を変えるか」（http://jp.wsj.com/US/Economy/node_320632/?tid=wallstreet　２０１１年10月7日）
〈7〉瀧口範子「全米に広がる格差是正デモの驚くべき組織力」（http://diamond.jp/articles/-/14428　２０１１年10月14日）
〈8〉ナオミ・クライン「aliquis ex vobis」掲載の邦訳から（http://beneverba.exblog.jp/15811070/　２０１１年10月6日）
〈9〉上野千鶴子『ケアの社会学』（太田出版、２０１１年8月刊）

「憤れ!!」

今年94歳になる老人が、30ページほどしかない小さな本を書いた。フランスで生まれたその本は200万部を超える大ベストセラーになり、世界各地で翻訳された。著者はステファン・エセル、戦争中はナチスへの抵抗運動《レジスタンス》に所属し、戦後は、外交官として国連で活躍した。そんなエセルが送り出した本のタイトルは『憤れ!』だった〈1〉。

エセルは、レジスタンスの生き残りのひとりとして、「遺言」のように「若者」たちに語りかける。

——半世紀以上前、私たちは、不正に対して戦いました。世紀を越えていま、世界はまた、経済格差や様々な差別に苦悶《くもん》しています。青年諸君、どうせなにもできやしないんだ、と諦めないでください。あなたたちをダメにしようとする全てと戦ってください。これからの時代を作るのはあなたたち自身なのです——

エセルのことばはありふれている。若者たちから、「老人の繰り言」と一蹴されても不思議ではない。だが、彼のことばは、フランス（そして世界）を揺り動かした。その理由は何だったろう。

深刻な経済危機にあえぐギリシャを訪ねた藤原章生は、「国がどうなろうが、知った事ではない」とストを繰り返すギリシャ人たちを「豊饒《ほうじょう》で無茶苦茶《むちゃくちゃ》な人たち」と呼ぶ〈2〉。いったいどうしてそんなことをするのか。彼は、76歳の監督テオ・アンゲロプロスに疑問をぶつける。

監督は自らの生涯を振り返りつつ「いまは、戦争と比べても最悪の時代だ」と答える。「長く西欧社会は、ギリシャも含め、本当の繁栄を手にしたと信じてきた。だが、突如それは違うと気づいた……。問題はファイナンス（金融）が政治にも倫理にも美学にも、我々の全てに影響を与えていることだ。これを取り払わなくてはならない。扉を開こう。それが唯一の解決策だ」

「扉を開こう」とは、「経済が全てに優先する、いまの暮らしを変えよう」ということなのである。

この秋、もっとも充実した「論壇」誌は「通販生活　秋冬号」〈3〉ではないか。「えっ？」と思われるかも。だって、通販専門のカタログ雑誌なんだから。けれど、日本地図の上を原発マークがひしめく表紙や、そこに重ねられた「一日も早く　原発国民投票を。」という活字を見ていると、なんの雑誌だかわからなくなってくるだろう。

中身もとびきりだ。表紙をめくると、いきなり22年前の特集記事が再掲載されている。そこでは、菅直人を相手に女性たちが「原発をつぎの選挙の争点にしてください」と申しこんでいるのである。先見の明がありすぎだよね。内容もたっぷり。「原発国民投票のための勉強」では飯田哲也を筆頭として専門家がレクチャーを繰り広げ、河野太郎〈4〉や原子炉格納容器設計者の後藤政志〈5〉が、原発震災について語る。その一方で「震災報道の陰で忘れかけていた6つの問題」として沖縄・普天間問題から秋葉原無差別殺傷事件までを論じている。いや、そればかりか「日本のエセル」、今年96歳反骨のジャーナリストむのたけじのインタビューまで載っている〈6〉。まるで論壇誌みたい。

でも、違うところが一つある。（当然のことだが）商品のカタログが掲載されているのだ。たとえば、巻頭特集で取りあげられているのは、ガスで炊く（すなわち、電気を使わない）「かまどご飯釜」。次の特集「脱原発時代の暖かい暮し」で、推薦されているのは「カーテン内部に空気を溜《た》めて窓から逃げる熱を遮断する」「エアサンドカーテン」。さらに、その先の「メイド・イン・東北」で売っているのは、「気の毒だから買ってあげよう」ではなく「品質にこだわって」選んだ、東北の品々なのである。

論壇誌は、その国（世界）の行く末をめぐって考え、青写真を提示する。「通販生活」

にも論考や解説はある。だが、この雑誌は、それ以上のものを提供しようとしている。それは「ライフスタイルの提案」にとどまらないなにかであるように、ぼくには思えた。ちなみに、この号の「通販生活」のCMは、民放テレビ局から拒否されたそうだ。「最強の論壇誌」の証明?

「リベラルに世界を読む」を標榜《ひょうぼう》する雑誌「SIGHT」の今季の特集は「私たちは、原発を止めるには日本を変えなければならないと思っています。」と名付けられている〈7〉。内容に不明確なところはなく、江田憲司が「政治と原発」を、古賀茂明が「官僚と原発」を、震災以降日本では「民主主義が成熟していない」と痛感した坂本龍一が「日本人と原発」について語っている。ほとんどすべてがインタビューで構成されているため、中身はやや粗く感じられるかもしれない。だが、この雑誌もまた、目指すところは、いわゆる論壇誌と同じではない。

ロック雑誌を発行する会社を親元とするこの雑誌のスタイルは、ロックやポップスのあり方を模倣している。日本語で歌われる曲が、現実にしゃべられる口調を採り入れるのにも、アメリカ発の音楽であるロックが日本語を採り入れるのにも時間がかかった。政治や社会に関する議論を、学者や評論家の書くことばから「ぼくたちの口語」に取り戻してもいい頃ではないか。それは、議論の中身以上に重要なことかもしれないのである。

ところで、「憤れ！」も「扉を開こう」も、かなりロックだと思うんだけど。２０１１・11・24

〈1〉『Stephane Hessel, *Time for Outrage!*』（邦訳『怒れ！憤れ！』は日経BP社、２０１１年12月刊）
〈2〉藤原章生「『地中海から時代が変わる』か」（「世界」２０１１年12月号）
〈3〉「通販生活」２０１１年秋冬号（カタログハウス刊）
〈4〉「落合恵子の深呼吸対談　対談者・河野太郎」（「通販生活」２０１１年秋冬号）
〈5〉後藤政志「連載・人生の失敗」〈取材・文は溝口敦〉（同）
〈6〉むのたけじインタビュー「私の人生を変えたあの人の言葉」（同）
〈7〉特集「私たちは、原発を止めるには日本を変えなければならないと思っています」（「ＳＩＧＨＴ」49号）

「憐れみの海」を目指して

「のらのら」という雑誌がある。創刊号の表紙にはこんな活字が躍っている〈1〉。

「こども農業雑誌誕生！」「のらぼーず、のらガール、ただいま増殖中！」「ばあちゃんの畑を奪って　ぼくのゲリラ畑」

この、子どもたちを中心に据えた農業雑誌の中で、熊本県山都町の竹本晄一朗くん（5歳）は、亡くなったひいおじいちゃんの畑を耕すし、高知県宿毛市の宮本龍くん（11歳）は、おばあちゃんの畑の一角を勝手に耕し勝手にタネをまいて、なんでも育てる。彼らを筆頭に、農業に情熱を抱く少年少女たちが続々登場する。そして、親たちは、子どもたちの自然との格闘を、じっと見守る。そこに、教育というものがある。

ぼくは、この雑誌を「日本で唯一の農業書専門の本屋」農文協・農業書センターで見つけた。そして、他にも、不思議なものを。震災・原発・TPP（環太平洋経済連携協定）関係の書籍や雑誌ばかりを集めた大きな棚だ。一見、関係なさそうな「震災・原発」と

「TPP」が、この小さな本屋の棚では、深い関連の下に展示されている。

農文協（農山漁村文化協会）は、第一次産業といわれる側の立場から、警告を発しつづけてきた。去年暮れの『TPP反対の大義』に始まり、『TPPと日本の論点』『復興の大義 被災者の尊厳を踏みにじる新自由主義的復興論批判』と立てつづけにブックレット〈2〉を発刊した。そこで主張されているのは、簡明にいうなら、こうだ。

「津波がこの国を襲った。それから立ち直る暇もなく、TPPという名のもう一つの『津波』が、やって来ようとしている。この二つの『津波』には、共通点がある。どちらも、小さなもの、多様なもの、ヒューマンな共同体を破壊し、なにもかも一様なものにしてしまうのだ」

あるいは「震災を奇貨として」「小さい農漁家」に「大規模・効率的な企業的事業主体に（仕事を）明け渡せ」と迫る、政府・財界のプランを「災害資本主義」そのものであると批判する。

正しいのだと思う。しかし、ぼくを含めて都市の人間には、この二つの「津波」を同じ種類のものだと思える感覚が乏しいのかもしれない。

「季刊地域」も農文協の雑誌だ。最新号の特集は「いまこそ農村力発電」〈3〉。ここでは「江戸末期～昭和初期の先駆者たちがひたすら地域と子孫の繁栄を願って開削した農業用水路」を生かした発電所が紹介されている。「私財を投じた先駆者のなかには困窮の果てに故郷を離れた一族もいる」が、そのおかげで、「我々」はいまの繁栄を享受している。その前の号の特集は「大震災・原発災害　東北（ふるさと）はあきらめない！」〈4〉。「大震災・原発災害に立ち向かう農山漁村の底力」との文字も。全ページに怒りと、怒りをバネにした復興への決意、それを支える、冷静な考察と細密な現状報告があふれる。

論壇誌にも「復興」や「TPP」に関する様々な論考が見つかる（山下祐介「東北発の復興論」〈5〉、柳京熙「強行された涙の不平等条約」〈6〉、「総力大特集『外交敗北』とTPP」〈7〉）。だが、それらの問題の底を見つめる作業を行ったのは、いわゆる論壇誌ではなく、長靴をはき作業衣を着た屈強な農民の写真を表紙に据えた雑誌だった。

農文協の出版物とは全く異なって見える東浩紀の『一般意志2・0』〈8〉にも深い感銘を受けた。これも、「3・11」以後にこそ読まれるべき本だろう。

著者は、ここで、「民主主義の祖」ルソーの『社会契約論』に独創的な解釈を与えることによって、まったく新しい「民主主義」像・「政治」像・「国家」像を提供している。それは、誤解を恐れずにいうなら、従来、「民主主義」と考えられていたものとは正反対のものだ。

ぼくたちは、民主主義の理想を「熟議」に、公共的なコミュニケーションに置く。けれど、著者は、熟議への信奉こそが、ことばによるコミュニケーションを至上のものとする考えこそが、人々を政治から遠ざけたのだとする。

「人間は論理で世界全体を捉えられるほどには賢くない。論理こそが共同体を閉じるときがある。だからわたしたちは、その外部を捉える別の原理を必要としている。その探究の果てにわたしたちが辿《たど》り着いたのは、熟議が閉じる島宇宙の外部に『憐《あわ》れみの海』が拡《ひろ》がり、ネットワークと動物性を介してランダムな共感があちこちで発火している、そのようなモデルである」

理性的なことばの世界の外側に、たとえば、インターネットの、より感情的な、より無意識に沿った世界がある。ことばで論議することしか知らない人々に、そんな世界を見せること。そのことによって、ことばの世界の狭さを気づかせること。それが可能だろうか。あるいは、そのような制度を、ぼくたちは実現できるだろうか。

反TPPの思想的な位置づけを行っているE・トッドは、一昔前の経済学者リストの主張を再評価しつつ、「自由貿易と民主主義は長期的に両立しません」と語っている〈9〉。ここでも、常識（「自由貿易」は開明的で「保護貿易」は保守的）は覆される。

襲いかかる「津波」に抗するために、ぼくたちは、常識を疑ってかからねばならないのだ。2011・12・22

〈1〉「のらのら」（2011年秋号、農山漁村文化協会刊）
〈2〉農文協ブックレット
『TPP反対の大義』（2010年12月刊）
『TPPと日本の論点』（2011年4月刊）
『復興の大義　被災者の尊厳を踏みにじる新自由主義的復興論批判』（2011年10月刊）
〈3〉特集「いまこそ農村力発電」（「季刊地域」7号、農山漁村文化協会刊）
〈4〉特集「大震災・原発災害　東北（ふるさと）はあきらめない」（同・6号）
〈5〉山下祐介「東北発の復興論」（「世界」2012年1月号）
〈6〉柳京熙「強行された涙の不平等条約」（同）
〈7〉「総力大特集『外交敗北』とTPP」（「WiLL」2012年1月号）
〈8〉東浩紀『一般意志2・0』（講談社、2011年11月刊）
〈9〉E・トッド『自由貿易という幻想』（藤原書店、2011年11月刊）

民主主義は単なるシステムじゃない

重度の心身障害児（者）は、養護学校を「卒業」すると、自宅で暮らすか、入所施設に入るかの選択を迫られる。どちらを選ぶにせよ、「社会」から遠ざけられるのである。公開中の映画「普通に生きる」〈1〉は、重症心身障害児（者）を持つ親たちが、子どもたちのために、通所施設、即《すなわ》ち、社会と交流できる場所を作ろうと奮闘する、戦いの記録だ。親たちは、制度・偏見・法律の壁にぶつかる。けれど、最後に親たちは、自らが主体となって、施設を作る。だから、この映画は、親たちの「成長」の記録でもある。完成した施設「でら〜と」の所長は述懐する。

「この子は私が見ないと駄目だから……といって囲ってしまったんでは、社会も育っていかない」

体も動かず、ことばも発することのできない心身障害児（者）が、親を動かし、成長させる。そしてその親たちが、鈍感な社会を、また成長させてゆく。常識とは異なり、弱い者、小さな者もまた、強い者、大きな者を育てることができるのだ。ぼくは、ここに「教育」のもっとも重要な本質、相互性（互いに教え合うこと）を見た。

「普通に生きる」が、広い意味での「教育」について教えてくれるなら、私立のある小（中）学校を取材した「教育のチカラ」〈2〉は、狭い意味での「教育」を扱っている。

対象となった「きのくに子どもの村学園」では、学年がない。試験がないし、いわゆる通知表もない。カリキュラムの中心は「プロジェクト」と呼ばれる体験学習で、そのプロジェクト名（「こうむてん」や「劇団きのくに」）がそのままクラス名となっている。「算数」や「国語」といった基礎学習は全体の3分の1ほどしかない。といっても、いわゆる「フリースクール」ではない。文部科学省の認可を受けた、卒業認定証がもらえる正式の私立学校だ。

だが、この学校でもっとも大切と思われるのは、「先生」と「生徒」という呼び名がないことだ。ここでは、大人も子どもも対等のパートナーなのである。規則も、なにを学ぶかも、（大人と子ども）全員が話し合う。このラディカルな民主主義を原理とする学校を、社会から切り離された形ではなく、社会の認知の下に発足させることに、関係者は全力を尽くした。この「戦後初の、自由教育を行う公教育の場」は、子どもを「教育」する場であるだけではない。ここで、人は、なによりも、民主主義が、単なるシステムではなく、それによって人が成長していく「教育」システムでありうることを学ぶのである。

金融危機に発したヨーロッパ民主主義の危機に関して、ドイツ思想界の雄、ハーバーマスは「今回こそ政治家たちは、市民に分かってもらうには、第一人称で語らなければならない」と書いた〈3〉。

政治家たちは、選挙民を「票田」として、計算の対象として考える。ハーバーマスは、政治家に市民の目を見て話すこと、市民と対等であることを要求している。それは、似てはいないように見えるけれど、「でら〜と」を作った親たちや、「きのくに子どもの村学園」を作った人びとの視線と同じものなのだ。

『デモいこ！』〈4〉は、小学生にもわかるように「デモ」について説明・解説した、60ページほどのブックレット。ここで、著者たちは「デモはたのしい」といいながら、プラカードを作るといった初歩的なことから、「人前に出る」のだから「キレイな格好で！」なんて、一昔前の運動家なら目をむくようなことをいう。そして、初めて「デモというもの」に参加した若者たちの「選挙以外にも、自分には影響を及ぼす力があるんだということを自覚しなきゃいけないなと思いました」という声をひろう。叫ばれるスローガンの中身ではなく、「街頭を歩く」ことが人を変えることの重要性が指し示される。

同時に、非暴力抵抗運動の祖、ソローが「歩く」ことを重視したのは、「英語における散策（sauntering）とは、聖地への巡礼を口実に各地を流浪する人々に由来」し「ソローはそこに、どこにも帰属することなく移動しつづける民衆たちの姿を見」たからだと指摘する。アメリカ公民権運動では、アラバマ州のセルマからモンゴメリーまでの87キロを5日かけて「行進」したことが名高い。最初500人だった参加者は最後には2万5千人以上に膨らんだのだ〈5〉。インド独立の契機になった、ガンジーの「塩の行進」は20日以上かけて380キロを歩いた。最初80人ほどだった参加者は最後には数千人になっていた。ただの「路上」も「学校」になるのである。いや、どこでも「学び」の場を作ることはできるのだ。「反貧困・震災以降のNPO論」〈6〉のNPOの若者たちが震災という現場で学び、「放射能離婚」（古川雅子〈7〉）や座談会「子どもたちの未来を守るために」〈8〉で母親たちが、苦しみと共に学んだことを伝えているように。

「でら〜と」で、重症心身障害を持つ赤ちゃんを抱かせていただいた。この世に「天使」がいるとするなら、この子かと思われた。もっとも弱い存在でありながら、それに触れる者を、つき動かし、変えずにおかない力を持つ故にである。それは、最良の「教師」の姿ではないかとぼくは思ったのだ。　2012・1・26

〈1〉映画「普通に生きる」（マザーバード製作、2012年、http://www.motherbird.net/~ikiru/）
〈2〉瀬川正仁「教育のチカラ　満たされた時間のなかで・上」（「世界」2012年2月号）

〈3〉ユルゲン・ハーバーマス「民主主義の尊厳を救え！」（同）
〈4〉『デモいこ！』TwitNoNukes編著（河出書房新社、2011年12月刊）
〈5〉立花栄「人はどんなデモをやってきたか」（『デモいこ！』所収）
〈6〉NPO若手スタッフ有志の座談会「反貧困・震災以降のNPO論」（「POSSE」13号）
〈7〉古川雅子「放射能離婚と新しい家族」（「AERA」2012年1月16日号）
〈8〉座談会「子どもたちの未来を守るために」（「世界」2012年2月号）

冷たい世界でぼくたちはもがいている

今回は、いつもよりずっと「遠く」から、ものごとを見てみたい。なぜなら、ぼくたちは、自分の近くしか見ることができなくなっているような気がするから。

近刊で吉本隆明は親鸞《しんらん》について語っている〈1〉。なぜ、いま親鸞なのか。その理由の一つは、親鸞が、飢饉《ききん》や震災の多発した危機の時代に生きた人であったこと。だが、もっと大きな理由は、彼が、その時代の「現実」に提出した回答にある。

著者によれば、親鸞は「眼前に切実な問題や事件、あるいは社会現象が次々に起こっている場合に、それを〈緊急の課題〉と考える、あるいはこれは〈永遠の課題〉なのだと考える、どちらの考え方をとっても、駄目なのではないか」と考えていた。どういうことか。

著者は、「嫌煙権の運動」を例にあげ、こう語っている——たばこを吸うとガンになる確率が高い、だからやめよう、と考えるのが〈緊急の課題〉としての考え方だ。だが、その解き方では「人間性のなかには、生理的には悪いとわかっていることでも嗜《たしな》まざるを得ない精神状態があるという」〈永遠の課題〉を解くことはできない。著者によれば、親鸞は、〈緊急の課題〉と見えるものの中に〈永遠の課題〉を見つけ、また逆に〈永遠の課題〉と信じられるものの中に〈緊急の課題〉を発見したのである。

二者択一ではない。その、どちらを捨てても、ぼくたちは現実を失うのだ。たとえば、金融問題や債務危機なんてものは、〈緊急の課題〉以外のなにものでもないはずだ。ところが、そうは考えない人がいて、びっくりする。

「現代思想」の特集「債務危機　破産する国家」の中で紹介されているM・ラッツァラート〈2〉は、金融があらゆる経済部門の中で最高の利益を出すに至った社会の異常さを指摘するために、そもそも「負債とは何か」と徹底的に考える（論文の「借金人間製造工場」というタイトルが、彼の思想を雄弁に語っている）。国家としてのギリシャや無数の、様々なローンを背負った人びとに「借金を返せ」といいつのることで、彼ら債務者たちは「罪の意識」を不断に感じるに至る。ひとたび、クレジット（信用貸し）に手を染めたなら、そこから抜け出すことはできない。

「経済学者によると、フランスの新生児は生まれたときにすでに二万二〇〇〇ユーロの負債を負っている。生まれながらに伝えられるのは原罪ではなくて、先行世代の負債なのである」

では、負債とは、単なる金融上の問題ではなく、もっと宗教的といってもいい別の種類の問題なのか。その通り、とデヴィッド・グレーバーはいう〈3〉。

先進国からの巨額の借入金の返済のため、1万人もの人がマラリアで亡くなったマダガスカルで人類学的調査を行っていたグレーバーは、「負債」を、数千年の人類の歴史から、つまり〈永遠の課題〉から考えようとした。

ヘブライ語の「救済」の語源は「抵当を買い戻すこと」だった。ヘブライ王国の預言者たちにとって「救済」とは、なにより「借金の人質にとられた家族を取り戻すこと」だった。不作の年には貧しい者は負債を負う。だから、すべての負債が七年を過ぎると帳消しになる法が作られた。そのことによって、人びとを「奴隷状態」から解放する知恵を、旧約聖書の時代の人は持っていたのである。

鈴木文樹の「家畜をめぐる断章」の射程もまた、途方もなく広い〈4〉。

茨城でトリや豚やヤギを飼う鈴木は、原発事故避難エリア内に置き去りにされ、餓死した「約二千頭の牛、三万頭の豚、数十万羽の鶏」について思いをめぐらす。そもそも、これは、経済の問題だろうか。政治や社会の問題なのだろうか。「論壇」が扱うことが可能な問題なのだろうか。「彼ら」の死は、ほとんど報じられさえしなかったというのに。

鈴木は考える。「家畜」は、歴史のどこから来たのか。そして、「人間中心主義（ヒューマニズム）」の残酷さとでもいうべき考えにたどり着く。

「近代畜産にあっては『飼う』も『屠畜』もなく、畜産物の大量生産システムが動いているだけだ。動物たちが何かを媒介するということもなく、『暮らし』もなく、『農』業もない。単なる動物虐待のシステムであり、名付けることのできない狂気がある。人類はかつてこんな背徳的なことをしたことがあるだろうか」

人は、動物を食わねば生きられない。だが、そのことと、動物を「ケージ的なるもの」に追い込むことは、別のはずだ。動物たちを眼前から遠ざける社会では、自然はよそよそしい他者になり、死者もまた影が薄くなる。そんな冷たい世界で、ぼくたちはもがいている。

最後に、著者は、人びとが狩猟採集とは違った新しい形で「動物や植物と出会った新石器時代に思いを馳《は》せ」る。それは、〈緊急の課題〉しかないと思える場所に〈永遠の課題〉を見つけようという作業のように、ぼくには思えた。

ちょうど、イバン・イリイチが「エネルギーとは何か」〈5〉で、回り道にも思える、「エネルギー」という言葉の成立過程を追い、中沢新一〈6〉がグリーン・アクティブという社会運動実現のために、一見ほど遠い「人間の心が作り出すものと自然が作り出すものの間の最適解」へ思考を巡らせたように。2012・2・23

〈1〉吉本隆明『吉本隆明が語る親鸞』（東京糸井重里事務所、2012年1月刊行）
〈2〉マウリツィオ・ラッツァラート「借金人間製造工場」（「現代思想」2012年2月号）
〈3〉松村圭一郎「負債とモラリティ」（同）で紹介されている。
〈4〉鈴木文樹「家畜をめぐる断章」（「環」48号）
〈5〉イバン・イリイチ「エネルギーとは何か」（同）
〈6〉中沢新一・國分功一郎　対談「〈原子力の時代〉から先史の哲学へ」（「ａｔプラス」11号）

〈東北〉がはじまりの場所になればいい

1年前の3月11日、山内明美は、余震の続く東京の部屋で、ひとり混乱していた〈1〉。宮城県に住む家族と連絡はつかなかった。翌朝、マスコミ各社のヘリコプターが上空から映し出した、故郷、南三陸の町は、一面沼地のようだった。

それから1年、故郷と東京を往還しながら、東北の研究者でもある山内は考えつづけた。東北とは何か。東北にとって復興とは何か。かつて、彼女は、町の小さな民俗資料館で働いていたことがあった。ほとんど来ない観光客の前で、毎朝、彼女は、火吹き竹で囲炉裏をたいた。「辺境」であることを売りにする「辺境屋コンパニオン」ということばが脳裏に浮かんだ。長い間、東北の「近代化」とは、一次産業で暮らしを立てていけることだった。だが、壊滅状態になりつつあった一次産業は、震災で追い打ちをかけられた。気がつけば、東北の村々には、海外から妻となるためにやって来た女性がたくさんいる。かつて、都会へたくさんの人びとを送り出した地方の村々は枯渇し、自らを存続させるためには、そうするしかなかったのだ。

しかし、それは東北だけなのだろうか。地方から溢《あふ》れ出るエネルギーを吸収し発展した東京にも、衰微の影は濃い。誰かに頼るわけにはいかない。自分たちの手で生きる可能性を見つけるしかない。打ち砕かれた東北とは、実は、この国の明日の姿そのものなのだ。だとするなら、東北から、新しい社会の仕組みを見いだす手だてを見つけるべきなのかもしれない。そして、彼女はこう呟《つぶや》く。「〈東北〉が、はじまりの場所になればいい」

『鎮魂と再生』は、震災の被災者100人を訪ね、彼らの声を拾い集めた大著〈2〉。彼らの多くは、死者の記憶を語る。なぜ、そんな本を作ろうとしたのか。放っておくと、死者の記憶が忘れ去られるから? いや、それだけではない。被災者のひとりは、こういう。

「とりわけ震災の混乱から気持ちが持ち直していく過程の心の動きは、経験したことがないような不思議な感覚でした。『私に与えられたのはここに住んで仕事をしていくこと……暮らすんだよね……働くことに決めたんだ……ここでやっていこう』。心に光が差すというか、よどみなく自然体でそう思いました」

深い混乱と絶望の中で身動きできなくなったままの被災者も多い。けれども、再生へ向かう声が、この本からは聞こえてくる。破壊された世界で、どうやって生きていくのか。「被災地を生きること」は、決して他人事《ひとごと》ではないのだ。

『鎮魂と再生』が、被災地の声を拾う仕事なら、『人を助けるすんごい仕組み』〈3〉は、ボランティア未経験の著者が、日本最大級のボランティアプロジェクトを作り上げる過程を描く。仙台出身の著者、西條剛央もまた、震災直後に被災地を訪ねる。

情報は錯綜《さくそう》し、被災者たちは、なんの物資もなく、放置されていた。なにができるのか？　いや、できることをしよう。そう決意した著者は、数人の知人と共に、ツイッターなどの最新のツールを駆使して、支援したい人たちから支援を必要とする人たちへ、ほんとうに必要なものが、ただちに届けられる「直行便」のようなシステムを作りあげてゆく。国や地方や様々な巨大組織が、なす術《すべ》もなく、手をこまねいている間に。

エンパワーメントという耳慣れないことばがある。それは、国や公の組織ではなく、個人や、ある特定の目的のために自発的に生まれた集団が、公正で公平な世界を実現しようとして、様々な力を発揮していくことだ。もっと簡単にいうなら、「お上」に任せてちゃいられない、自分たちの社会は自分で作るさ、といって、外へ飛び出してゆくことだ。遡《さかのぼ》れば、ガンジーの非暴力主義独立運動もキング牧師の公民権運動も、エンパワーメントの一つだった。

わたしは、被災地に寄り添おうとしている、彼らのことばに耳を傾けながら、その単語を思い出した。

わたしたちは、自然によって引き起こされた今回の大震災が、実は、この国が構造的に持っていた欠陥によって増幅されたことを知っている。そして、「お上」には、この問題を解決する能力がないのではないかと疑ってもいる。だとするなら、わたしたち自身が直接、「現場」に向かうしかないとの思いが、いま、芽生えつつあるのではないか。

エンパワーメントの典型、反貧困運動に関わりながら、同時に内閣府参与として「お上」にも参加してきた湯浅誠は、参与を辞任するにあたって、自らのブログで総括ともいえる文章を発表した〈4〉。

原理に固執する社会運動の側からは、そもそも「お上」と共働すること自体が妥協的だと批判されることも多かった湯浅は、こう語っている。

——いま、信頼感と共感は社会化されず、不信感ばかりが急速に社会化されている。そんな局面で、社会運動はどうすればいいのか。敵を探して叩《たた》くバッシング競争から遠く離れ、許容量を広くとり理解と共感を広げ、相手に反応して自分を変化させ続けていくしかない。

そして、なぜコミットし続けるのか、という問いに、湯浅はこう答えるのだ。

——民主主義とは、どんなに嫌がっても、主権者から降りられないシステムなのです。

2012・3・29

〈１〉山内明美「〈東北〉が、はじまりの場所になればいい」（「世界」２０１２年４月号）
〈２〉赤坂憲雄編『鎮魂と再生』（藤原書店、２０１２年３月刊）
〈３〉西條剛央『人を助けるすんごい仕組み』（ダイヤモンド社、２０１２年２月刊）
〈４〉湯浅誠「内閣府参与辞任について」（http://yuasamakoto.blogspot.jp/2012/03/blog-post_07.html　２０１２年３月７日）

ぼくには「常識」がない

1年前、長男のれんちゃんが小学生になった時の入学式のことだ。最初に、校長先生が、舞台中央の演壇に向かって深くお辞儀をした。でも、演壇にはなにもない。「はて？」と思って、よく見ると、左奥に日の丸の旗がある。誰に向かって、何のためにお辞儀をしているんだろう。まるでわからない。ぼくに常識がないからなのかな。しばらくして、「国歌斉唱」の番になった。そしたら、ぼくは、なんだか憂鬱《ゆううつ》になった。誰がこんなやり方を決めたんだろう。半月前の保育園の卒園式には、あんなに感動したのに。

で、突然気づいたんだ。卒園式では、子どもたちがたくさんの歌を歌った。みんな、子どもたちのための歌だった。でも、小学校の入学式で歌うのは、子どもたちのための歌じゃない。これは、子どもたちのための式じゃなかったんだ！　だから、こう思ったよ。「小学校の入学式は、たぶん、キョウイクイインカイとかそれを指導しているエラい人のための式なんだ。だから、イヤになっちゃうんだ。現場の先生に任せたら、もっと嬉《うれ》しいものになったのになあ」って。

家に戻って、「入学式」のことをちょっと調べてみた。アメリカでは、登校する最初の日、みんな講堂に集合する。真ん中にテーブルを置いて、そこにジュースやチョコレートを並べる。雰囲気は、まるでパーティーみたいだって書いてる人がいた。それって式じゃないよね。オーストラリアやイギリスでも、入学式はないみたいだし。そもそも「入学式」自体が、「常識」ってわけじゃなかったんだ。ランドセルは、もともと「軍隊」と共に輸入された背嚢《はいのう》が起源だし、日本で最初に運動会をやったのは海軍兵学校だった。「入学式」って、実は「入隊式」なんじゃないのかな。

今月、「教育」について論じたものが多かったのは、「教育」に、たいへんなことが起こっているからなんだろうか。

大活躍しているのは尾木ママこと尾木直樹さん。二つも雑誌に登場している〈1〉〈2〉。尾木さんがいっているのは、(日本の)みんなが「常識」だと思っていることが、実はそうじゃないってことだ。

この国の外では、教育はどうなっているのか。世界を飛び回って、尾木ママは調べる。たとえば、「世界で大学入試試験をやっている国はほとんどない」とか、日本のパパやママは、世界の平均の2倍から3倍も教育にお金を払わされているとか。知らないことばかりだよ。オランダでは、「朝学校に行って一時間目から五、六時間目までの時間割を決定するのは子どもたち自身」で、先生はそれを支援する役目。そして子どもたちは「自分が決めたことだから自分で責任を持とう」とするっていうんだ。宿題だってまったくないってさ〈1〉。それでも、160カ国からも移民が集まるこの国で、日本と学力が変わらないのは、「子どもたちの人権」こそ最優先だ、という考え方があるからなのかもしれないね。

あなたの国では子どもたちが悲惨な状態のまま放置されている、っていわれたら誰だって驚くよ。しかも、その場所が「学校」だっていうんだから。桜井智恵子さんの『子どもの声を社会へ』〈3〉の最初の方に書いてあるのはこのことだ。国連・子どもの権利委員会が、厳しい競争環境が子どもたちをイジメや精神障害といった不幸な状態に陥らせているると日本に勧告した〈4〉。へえ、そんな風に見られていたのか。ぼくは「世界の常識」を知らなかったんだ。

日本で初めて「子どもの人権オンブズパーソン」制度を作ったのは兵庫県川西市で、桜井さんはそのオンブズパーソン。競争社会は、弱い者に負担を強いる社会だ。そして、もっとも弱い者とは子どものことだ。桜井さんは、疲れ傷ついた彼らの声に耳をかたむけ、立ち上がる手助けをする。その過程で、桜井さんは気づく。子どもたちが、悲鳴のように、この社会の構造を変えてほしいって訴えてることに。桜井さんは、こういう。「私たちの社会は子どもたちが引き継いでくれる。だから大人は、子どもに失礼のないように、思考停止をしてはいけない」

その通りだ。この社会は、やがて子どもたちに引き継がれる。なのに、ぼくたちの「常識」には「子どもに失礼のないように」ということばがないんだ。

「常識」があてにならないのは、それだけじゃない。ぼくたちは、ギリシャをヨーロッパの一部だと思ってる。でも、村田奈々子さんは、確かに古代ギリシャ文明はヨーロッパ文明を産んだけど、中世以降、正教会に属するキリスト教の地だったギリシャはヨーロッパではなかったと書いている〈5〉。だから、ヨーロッパはギリシャに冷たいんだってさ!

それから、北朝鮮の「ミサイル」発射の件もなんか変な気がするんだよ。海外のメディアは、「ロケット」と呼んでいるみたいだけど、日本にいると、目に飛びこんでくるのは「ミサイル」ということばだ。弾頭を装着すれば「ミサイル」で、宇宙開発が目的なら「ロケット」というらしいんだけど、そんな違い、なんか意味があるのかな。っていうか、その「ミサイル」より、アメリカ軍が持ち込んでいるかもしれない核兵器や福島第一原発4号機の燃料プールの方がずっと怖いと思っちゃうのは、ぼくに「常識」がないからなんだろうか。2012・4・26

〈1〉尾木直樹「子どもたちの新しい人権のために」（「現代思想」2012年4月号）
〈2〉尾木直樹・土肥信雄　対談「学校を死なせないために」（「世界」2012年5月号）
〈3〉桜井智恵子『子どもの声を社会へ』（岩波新書、2012年2月刊）
〈4〉国連・子どもの権利委員会の「最終見解：日本」（外務省のホームページから、http://www.mofa.go.jp/mofaj/gaiko/jido/pdfs/1006_kj03_kenkai.pdf）
〈5〉村田奈々子「ギリシャはどれほど『ヨーロッパ』か？」（「中央公論」2012年5月号）

標的探しをする人びと

たぶん、朝日新聞の読者のみなさんは知らないと思うけど、卯月妙子さんの新刊『人間仮免中』が出たので、読んでいた〈1〉。卯月さんは、統合失調症を患っている漫画家で、元アダルトビデオの女優。どんなビデオに出ていたのか、とてもここには書けません。彼女の出たAVを見たら、たぶん3日はご飯を食べられないから。オー・マイ・ガッ……。

自らの怒濤《どとう》の人生を描き続けてきた彼女の10年ぶりのこの漫画も同じ。衝動的に歩道橋から飛び降り、顔面の複雑粉砕骨折（……）、それ以降のリハビリの日々が描かれる。顔はすっかり変わってしまった。経済的にも厳しい。そんな状況の下でも、彼女は前向きに、ひたむきに、遥《はる》か年上の恋人との愛に生きることを決意する。すべてを失ってなお、「生きてるって最高だ!!!」と叫ぶのである。

この本を読んでいた、ちょうどその頃、テレビでは、連日、「河本準一母・生活保護不正受給問題」が取りあげられ、ネットでは、熱狂的に「河本とその母」が叩《たた》かれていた。

ぼくは、なんだかすごくイヤな感じがしたのだった。なんというか、卯月さんの本の底に流れているものとは正反対ななにかが、この「事件」の周りには漂っているような気がした。要するに、それは「悪意」ということなんだけど。

安田浩一の『ネットと愛国』は、「在特会」（正式には「在日特権を許さない市民の会」）の謎を追いかけた渾身《こんしん》のリポート〈2〉。「在特会」とは、インターネットの世界から生まれたネオ保守運動で、「弱者のふりをした在日朝鮮人が数々の特権を享受し、日本人を苦しめている」といった主張を掲げ、全国でデモや集会をやっている人たちだ。時には、その場で、聞くに堪えない差別意識丸出しの罵詈雑言《ばりぞうごん》を吐く。従来の右翼・保守運動から「あんな連中とは一緒にやれない」とあきれられることも多い。だが、著者が直に会った彼らの大半は、頼りなげでおとなしい、ふつうの今時の青年だったのだ。安田はこういう。

彼らは「奪われた」という感覚を共有している。仕事や未来や財産をだ。誰が奪ったのか。それは特権を持っている（らしい）「在日」や、なぜか優遇されている（らしい）「外国人」や、権力を握っている（らしい）メディアや公務員や労働組合だ。彼らは「奪われた」ものを取り返すための「レジスタンス」をしている、と信じている。

挑発的な〝本音〟を吐く者がヒーローになるインターネットこそ、彼らが自由を感じられる場所だったのだ。

そして、安田は、「在特会」の闇を見すえて、こう結論づける。

「『うまくいかない人たち』による『守られている側』への攻撃は、一般社会でも広がっているのである」

その例の一つとして、安田は「大阪における『橋下人気』」を取りあげているのだが、ほんとうにそうなのだろうか。

「現代思想」の特集は「大阪」。なんといってもモブ・ノリオの「《エンタメ系の北朝鮮》みたいな国の絶望都市《ディストピア》・大阪では、夜中に音楽をかけて踊っているだけで警察が取り締まりに来る」がタイトルだけで爆笑させる〈3〉。でも中身はすごく暗い。著者は、（関西出身の）某お笑い芸人と某有名女優の結婚式をテレビで楽しそうに観賞していた「大阪のおばちゃんらの無数の同類たち」が「一見好青年風」の「あのタレント弁護士」を政治家に押し上げたのではないかと考える。でも、問題はそこではない。

なぜか、いま大阪では「ダンスクラブが次から次へと、風営法違反を口実に」摘発され、潰されまくっていることなのだ。なぜ？　わからへん。責任者と思われる元タレント弁護士の市長は、摘発問題について訊《たず》ねられると「そうなんですか」と、とぼけたみたい。「知らない」はずはないのだが、と著者はいう。ぼくもそう思う。だって、市長はかつて自著で「正直な謝罪より『知らない』『聞いていない』のほうが方便となる」と書いてるから〈4〉。でも、不思議だね。どうして、特に大阪で、クラブが取り締まられるんだろう。もしかして、大阪では、クラブは「守られている側」に属していると思われていて、「うまくいかない人たち」による怨嗟《えんさ》の的になっているからなのだろうか。

確かに、大阪は東京に経済的地位を奪われた。だが、もっと不幸なのは、木村政雄のいうように、いまや若者にチャンスを与えられなくなったことなのだろう〈5〉。別の雑誌で、沖縄について論じた篠原章は、沖縄が失業率もジニ係数（所得格差の度合い）も全国一であると指摘し、その実態は一部の特権層（篠原によれば公務員）と多数の貧困者からなる世界であるという〈6〉。沖縄は、もう一つのギリシャなのだと。だが、大阪がジニ係数で沖縄と1位を争っていることは意外に知られていない。

戦後ドイツを代表する作家ギュンター・グラスは「遺言」ともいえる詩「言わねばならぬ」を発表し、ドイツを騒然とさせた〈7〉。「核」をめぐって、イスラエルへ公然とした批判ができない自国への厳しい叱責《しっせき》だった。公平と公正を求めながら孤立したグラスを応援したのはネットの住人たちだといわれている。だが、彼を支援したのは、彼の希望に反して、単にユダヤ人という「守られている（らしい）側」への「悪意」をつのらせる者たちだったのではないだろうか。2012・5・31

〈1〉卯月妙子『人間仮免中』（イースト・プレス、２０１２年５月刊）
〈2〉安田浩一『ネットと愛国』（講談社、２０１２年４月刊）
〈3〉モブ・ノリオ「《エンタメ系の北朝鮮》みたいな国の絶望都市《ディストピア》・大阪では、夜中に音楽をかけて踊っているだけで警察が取り締まりに来る」（「現代思想」２０１２年５月号）
〈4〉橋下徹『図説　心理戦で絶対負けない交渉術』（日本文芸社、２００５年刊）
〈5〉木村政雄「大阪はなぜ橋下徹を選んだか」（「現代思想」２０１２年５月号）
〈6〉篠原章「補助金要求の名人たちが作る『公務員の帝国』」（「新潮45」２０１２年６月号）
〈7〉ギュンター・グラス「言わねばならぬ」（訳・解説＝三島憲一、「世界」２０１２年６月号）

ぼくたちの「家族」はどこに？　一から創り出すということ

何年か前、父親が病院で亡くなった時、その傍《そば》には誰もいなくて、翌朝駆けつけると、父親は哀《かな》しそうに目を見開いたままで、弟が手で目をつぶらせた。肩の荷が下りた、という気しかしなかった。

それから何年かたって、東京駅で倒れて1週間、集中治療室にいた母親が意識を回復することもなく亡くなった。ぼくと弟の家族が見守ったのだが、ぼくも弟も、ただぼんやりしていたように思う。

『いのちつぐ「みとりびと」』は、國森康弘さんの写真集〈1〉。國森さんは、滋賀県の小さな集落の人びとの暮らしを追いかけてきた。いや「暮らし」ではなく、どんな風に、亡くなっていくかを追いかけた。その小さな共同体では、老いた人・死に近い人のケアに全力が注がれる。「死」が大切なもの、愛《いと》しいものとされていた。小学校5年の女の子の大好きな「おおばあちゃん」が亡くなる。女の子の瞳から涙がこぼれる。けれども、最後に女の子は、「おおばあちゃん」にキスをしてお別れする。強い印象を与えるのは、死者に寄り添うその家族たちの、明るい笑いだ。「生ききった家族」を見送る視線の明るさだ。

この写真集には、たくさんの「遺体」が写っている。でも、暗くも怖くもない。見ていると、心が穏やかになり、優しい気持ちが溢《あふ》れてくるのがわかる。うらやましいと思う。そんな場所に住みたい、そんな家族の一員でありたいと思っている自分を発見して、ぼくは驚く。

多くの人たちは、最後は病院で死ぬものだと思っている。「死」は家から隔離されるものだと思いこんでいる。そして、そんな生き方を、ほんの少し、淋《さび》しいとも感じているのである。

吉田徹は「いかに共同性を創造するか」〈2〉の中で、いわゆるポピュリズムについて分析を行っている。世界中で、ポピュリズムといわれる政治勢力が跋扈《ばっこ》している。彼らは、人びとの不満を煽《あお》り、時には、厳しい宗教的な倫理を訴える。吉田によれば、それは「保革政党の差異性までもが消失してしまったため、人々の政治的情念がより原理主義的な方向に向かうようになった」からだ。

誰もが、ことばにならない不満を感じている。けれども、既成の政治家たちは、それを代弁する術《すべ》を知らない。人びとは自分が無視されていると感じる。自分は「代表されていない」と感じる。だから、ポピュリズムは彼らに、「あなたの声を代弁してあげよう」と訴えるのである。しかし、それは間違いなのだろうか。

吉田は、そのこと自体は間違いではない、と考える。「ポピュリズムの最も根源的な定義」が「人々の創造」（自分が何者なのかわからない人々に、たとえば、「あなたはマイノリティ」だと告げ知らせること）であるなら、いま必要なのは、それを批判することよりも、新しい共同性を創造すること、新しい意味を持った「人々」を創り出すことなのではないかと。

しかし、そんなことが可能なのか。「『有象無象』が一番強い」という座談会〈3〉の出席者の一人は、それは可能だ、というのである。

「一九七四年生まれの三七歳」松本哉は、東京・高円寺でリサイクルショップ「素人の乱」を営む。彼（ら）を有名にしたのは、様々なデモだ。とりわけ、3・11後、大規模な脱原発デモを組織したことだ。では、どのようにして、松本たちは、それをなしとげたのか。

外部からやって来た連中が勝手に騒いでいる、というよくある批判に対して、松本は、こういうのである。

「実は店や地域のつながりで集まってきた人もたくさんいます。ネットだけではなく、直接の人間関係が非常に大きな力を発揮したように思います」

そして、松本は、その一つとして「一人で住んでいる高齢の方に配達や買取《かいとり》に行くと、お茶やご飯を出してくれてなかなか帰れないこともありますね」と例をあげるのだ。

目の前に、忘れられた人がいる。もしかしたら、「家族」からも忘れられた人なのかもしれない。そんな人たちの「家族」に、松本はなるのである。彼らの声を「代弁」し、受け止めるのは、いわゆるポピュリズムの政治家なのか、松本たちなのか。いま、その戦いが始まっている。

稲葉奈々子は「『放射性肉』と呼ばれる人びとのたたかい」〈4〉で、フランスの原発下請け労働者を取りあげる。社会的立場の微妙さから日本で「原発ジプシー」と呼ばれるように、フランスでは彼らは「原発ノマド（遊牧民）」と呼ばれる。危険におびえながら、全国を渡り歩くために「家族と生活する権利」さえ剝奪《はくだつ》された彼らは、やっと「自分の声」をあげることを選択する。

「『すべての原発下請け労働者の健康のための市民団体』が、フェカン市で二〇〇八年に設立されるまで、原発下請け労働者みずからによる、権利擁護の運動は存在しなかった」のである。

彼らは「労働運動」であることを求めない。それは、想田和弘が、「言葉が『支配』するもの」〈5〉の中で言っているように、「労働運動」という言葉もまた「リアリティを失い、賞味期限が切れてしまっ」ているからなのかもしれない。なにもかも一から創り出すしかないのだ。言葉も「家族」も政治も。そこにしか、未来はないのである。２０１２・6・28

〈1〉國森康弘『いのちつぐ「みとりびと」 1』（農山漁村文化協会、２０１２年1月刊）
〈2〉吉田徹「いかに共同性を創造するか」（「世界」２０１２年7月号）
〈3〉石田雄・池田香代子・松本哉 座談会「『有象無象』が一番強い」（同）
〈4〉稲葉奈々子「『放射性肉』と呼ばれる人びとのたたかい」（「寄せ場」25号、日本寄せ場学会年報）
〈5〉想田和弘「言葉が『支配』するもの」（「世界」２０１２年7月号）

国も憲法も自分で作っちゃおうぜ

坂口恭平さんの『独立国家のつくりかた』を読んだ〈1〉。坂口さんは、去年、熊本に独立国を作り、その国の初代の首相になった——と書いただけで、たいていの人は、坂口さんって頭オカシいんじゃないのと思うかもしれない。

「3・11」の後、坂口さんは、いまの政府にも政治にもうんざりしてしまった。ふつうの人なら、政府に抗議をしようと考える。でも、坂口さんは違った。自分で、もっとましな国を作っちゃおうと考えた。では、どうすればいいのか。

国の要件を定めた「モンテビデオ条約」というものがある。それを読むと、(1)「国民」がいて、(2)「領土」があって、(3)「政府」があって、(4)「外交能力」があれば、国家を名乗れるらしい。なので、坂口さんは、「国民」を募り(彼のツイッターのフォロワーを国民にし)、日本中にたくさんある所有者がはっきりしない土地を「領土」にし、「政府」を作った。そして、外国に出かけていって様々な「外交」活動をしている。どうやら、本気で国連に加盟申請をするらしい。憲法もあるらしい。たった一つだけの条文は、「困った人を助ける」というものだ。

坂口さんはオカシいのだろうか。でも、いまから150年ほど前、たくさんの若者が、新しい国を勝手に作ろうとしたじゃないか。坂本竜馬とか。そして、彼らが出ているテレビを見て、みんな喝采を送っているじゃないか。竜馬ってオカシいの？ いや、オカシいのかもね。

東浩紀さんが編集長の雑誌「思想地図β」の特集は「日本2・0」〈2〉。つまり、「まったく新しい国としての日本」。その中で、東さんたちは「新日本国憲法」を作ってみせた。

ぼくたちにとって、憲法は、長い間、「守る」べきものか「改正」すべきものかのどちらかだった。だが、他にやり方はないのか？ あるよ。それは、「ゼロから作る」ことだ。そして、「憲法」を作るということは、いまの日本とは異なった、「新しい日本」を想像（創造）することだ。この新しい憲法では、あっと驚くような考えが、随所に見つかる。たとえば、日本国籍を持つ「国民」だけではなく、国籍を持たない在日外国人も「住民」という新しい立場で、政治に全面的に参加できる。「国民」と「住民」がクロスするその国は、外国人が議員になることもできるほど開かれたものになる。

竜馬たちが「武士のいない国」を作ろうとした時、大半の人びとは、彼のいうことの意味がわからなかった。あまりに長く「武士の世界」に生きてきたため、それが存在しない世界が想像できなかったからだ。流動し変化する世界に対応するためにもっとも必要なのは、「新しい世界」の有り様を想像することのできる「新しいマインド（心、考え方）」ではないだろうか、と東さんはいうのである。

いまインターネットで話題の「口語訳　日本国憲法」〈3〉は、現行憲法を一条ごとに「翻訳」したもの。中身は同じなのに、「みんなで集まって考えたり行動したり、自分の考えを本とかにしたりとかは自由だぜ。どんな表現でもそれはお前の権利だから胸張ってやれよ」（憲法21条）といわれると、なんだかまるで別のものになったように見える。文体（言い方）が違うと、そこに流れているマインドも違う気がしてくる。なんかいまよりも自由な憲法っぽい。いや、そこではもっと重要なことが起こってる。目の前に出現する「口語訳憲法」に、ネットの住人たちが様々な意見や感想を即座に書きこみ、それがリアルタイムで内容に反映される。それは、東さんが民主主義の回生のシンボルとした、人びとの「一般意志」の反映の一つの姿なのだろうか。

『民衆憲法の創造』には、明治10年代を中心にして、自由民権運動と連動して、全国で澎《ほう》湃《はい》として起こった「憲法」を作る運動の姿が描かれている〈4〉。「五日市憲法」や植木枝盛が書き起こした憲法の条文には、明治憲法を遥《はる》かに超え、現在の憲法よりもさらに「進んだ」内容を含んでいるものさえあった。彼らは、ぼくたちよりも自由なマインドの持ち主だったのかもしれないね。

新しい「国」や「憲法」を生み出そうとするマインドには未来を見すえる視線がある。けれど、赤坂真理さんの小説『東京プリズン』には、未来へ向かって高く飛び立つために、深く屈《かが》もうとする姿勢が見える〈5〉。

現在と過去を激しく行き来するこの小説の中心には、30年前、アメリカの小さな街に留学した16歳の日本人の女の子が、ディベートの授業に参加させられる情景がある。テーマは「東京裁判」、いや、「天皇の戦争責任」だ。そこで、少女は、大半の日本人が忘れてしまったこと、なかったことにしてきたこと、考えまいとしてきたことに激突する。

あの戦争が終わった直後、社会が解体し、未来が見えなかった時期にこそ、坂本竜馬や憲法を作った若者たちのように、「新しい時代」を迎えるための「新しいマインド」を作らなければならなかった。そのためには、「古いマインド」を誠実に総括し、清算しなければならなかった。だが、日本人は、それを怠った。

少女が立ち向かうのは、その事実だ。「新しいマインド」を作るために、少女は、先行する世代がやり残した宿題を、たったひとりで解こうとする。でも、大丈夫。ひとりじゃないよ。いま、あちこちで、同時に、「新しいマインド」を作る試みは始まっているんだ。

２０１２・７・26

〈１〉坂口恭平『独立国家のつくりかた』（講談社現代新書、２０１２年5月刊）

〈２〉「日本２・０」（『思想地図β』3号、２０１２年7月刊）

〈３〉「日本国憲法を口語訳してみたｗｗｗｗｗｗｗｗｗｗ」（http://blog.livedoor.jp/kinisoku/archives/3423998.html）

〈４〉色川大吉ほか『民衆憲法の創造』（評論社、１９７０年刊）

〈５〉赤坂真理『東京プリズン』（河出書房新社、２０１２年7月刊）

「社会を作る」ことは楽しい

報道ステーションという番組に出たとき、「尖閣諸島に香港の活動家が上陸した」というニュースのコメントを求められた。ぼくは正直に「そんなことは、どうでもいい問題のように思う。『領土』という国家が持ち出した問題のために、もっと大切な事柄が放っておかれることの方が心配だ」と答えた。

帰宅すると、ぼくのツイッターのアカウントに数えきれないほどのリプライ(返事)が届き、そこには「非国民」「国賊」「反日」「死刑だ」「お前も家族も皆殺しにしてやる」といった罵倒と否定のことばが躍っていた。

国家と国民は同じ声を持つ必要はないし、そんな義務もない。誰でも「国民」である前に「人間」なのだ。そして「人間」はみんな違う考えを持っている。同じ考えを持つものしか「国民」になれない国は「ロボットの国」(ロボットに失礼だが)だけだ——というのが、ぼくにとっての「ふつう」の感覚だ。

「3・11」から1年半近くが過ぎて、ぼくたちが生きているのは、欠陥に満ちた社会であったことが、多くの人たちの共通の認識になりつつあるように思う。それでは、どうすればいいのか。どんな社会をつくればいいのか。

首相官邸の前に、何万、何十万もの人たちが集まる。そんな風景は何十年ぶりだろうか。長い間、この国では大規模なデモが行われなかったのだ。でも、うたぐり深い人はいて、「デモで社会が変わるのか？」と問うのである。それに対して柄谷行人は、こう答える〈1〉。

「デモで社会は変わる、なぜなら、デモをすることで、『人がデモをする社会』に変わるからだ」

ふざけて、こう答えたのではない。柄谷は、質問者が想定している回答より、ずっと「本質的」な答えを返したのだ。

「デモで社会が変わるのか？」と問いかけるのは、「それでは、変わらない」と思っているからだろう。あるいは「代議制民主主義の社会だから、その社会を変えるのは、選挙によるしかない」と思っているからだろう。

もちろん、「『デモによってもたらされる社会』は、必ずしも幸福な社会とは限らない」という佐藤卓己の懐疑には、十分な理由がある〈2〉。「ドイツのナチ党はデモや集会で台頭したし、それを日常化したのが第三帝国である」ことは事実だからだ。

だが、ナチ党が主導したデモや集会は「独裁と暴力」を支えるものだった。いま、ぼくたちが目にする「新しいデモ」は、その「独裁と暴力」から限りなく離れることを目指しているように見える。

「オキュパイ・ウォールストリート（OWS）」運動は、ニューヨークに突然現れ、公園を占拠して、「格差社会の是正」という彼らの主張をデモを含む様々な形でアピールした。その現場を間近で見た五野井郁夫は、その特徴を簡潔に「リーダーをつくらずコンセンサス（合意）方式で議論を行う『ゼネラル・アセンブリー（総会）』に見いだした〈3〉。それでわかりにくければ、そこに参加しているひとりの女性に語ってもらおう。

「意見がごちゃごちゃに分かれて複雑になって、ときには時間がかかることもある……本当に言いたいことっていうのは言葉のニュアンスのなかにあって、とことん意見を交わさないとなかなか出てこない。そして互いに耳を傾けあうような環境じゃないとね」

ぼくは、ここに、独裁を拒む、もっとも有効な知恵を感じる。

一方、ビルマ民主化の影の力となり、「アラブの春」や「OWS」の「教科書」と呼ばれた『独裁体制から民主主義へ』は、独裁に対抗する最大の力は「非暴力」だと宣言している〈4〉。ナチのデモや集会から80年と少し、前進はあったのだ。

小熊英二の『社会を変えるには』は、五野井よりもさらに広く、深く、「デモをする社会」の可能性を探った本〈5〉。新書としては異例の厚さになったのは、民主主義あるいは政治をその（宗教的な）起源にまで遡《さかのぼ》って説明しているからだ。そして、小熊は代議制民主主義は、たかだか数百年前に成立した、政治の一形態にすぎないのだ、という。

「参加者みんなが生き生きとしていて、思わず参加したくなる『まつりごと』が、民主主義の原点です。自分たちが、自分個人を超えたものを『代表』していると思えるとき、それとつながっていると感じられるときは、人は生き生きとします」

さらに小熊は「動くこと、活動すること、他人とともに『社会を作る』ことは、楽しいこと」だともいう。誰かが楽しい社会を作ってくれるのを待つのではない。「社会を作る」プロセスの一つ一つが、自分を変え、それに関わる相手を変えてゆく。変わってゆくことは楽しい、と人びとが知ったとき、そこに「人がデモをする社会」が生まれている。

長い間、様々な社会運動に関わってきた太田昌国は、「金曜デモ」に遭遇し、その新しさにとまどい、でもそこに「日常生活では味わうことのない『解放感』を感じる〈6〉。そして、こういう。

「楽しさや解放感がある時の、人間の学び方は、広い。深い。早い」

そこは「相手を罵倒することも否定することもな」い場所だ。そして、そんな場所を作

ることだけが、「罵倒と否定」の社会を変えられるのである。　２０１２・８・30

〈１〉柄谷行人「人がデモをする社会」（「世界」２０１２年9月号）
〈２〉佐藤卓己「論壇時評『「孤立的民主主義」はデモで解消するか?』」（「東京新聞」２０１２年8月28日付夕刊）
〈３〉五野井郁夫『「デモ」とは何か』（ＮＨＫブックス、２０１２年4月刊）
〈４〉ジーン・シャープ『独裁体制から民主主義へ』（ちくま学芸文庫、２０１２年8月刊）
〈５〉小熊英二『社会を変えるには』（講談社現代新書、２０１２年8月刊）
〈６〉太田昌国「フライデー・ナイト・フィーバーの只中《ただなか》で／あるいは傍らで」（「インパクション」１８６号）

「暴論」なんかじゃない

読んだ人の多くは「なんて暴論を吐くやつだ、けしからん」というかもしれない。でも、ぼくは、逆に、これはほんとうに考え抜かれた発言だと思ったのだ。

「週刊プレイボーイ」のインタビューに答えて東浩紀は「福島第一原発観光地化計画」(!)を提案している〈1〉。それは、たとえば「フクイチの近くからiPhoneをかざすと」特別な技術で「爆発の様子が再現されて、モクモクと煙が上が」り、「体験施設の地面が揺れて、ガイガーカウンターの数値がぐんぐん上がって」いくような、そしてそこに来た若者たちが「ヤバイよ!」というような観光施設だ。これが、奇矯に聞こえ、批判を呼ぶことを承知した上で、東さんはあえて発言している。それは、「原発事故」(を含む東日本大震災)に関して、いちばん避けたい事態は「忘れる」ことであると、よく知っているからだ。

日本人は「忘れる」ことの名人だ。戦争や悲惨な公害の災禍も、ぼくたちは喉元《のどもと》を過ぎると、日常の暮らしの中で、いつしか忘れてしまう。このままでは、きっと「フクシマ」も「津波の被害」も忘れてしまうにちがいない。だから、東さんは、日々の消費の欲望のただなかに「フクシマ」を据え、忘れられないものにしようとした。繰り返していうけれど、それは考え抜かれたものなんだ。

今月はなんといっても「尖閣」「竹島」を中心にした領土問題が論壇誌だけではなく、メディアの報道の中心となった。そして、その多くは「我が国の領土」を守るために、どのように中国や韓国に対するか、というものだった。中には、「日中もし戦わば」といさましいものまである。その中で、異彩を放っているのが、元外務省国際情報局長・孫崎享《うける》の発言だ。孫崎さんは、いざとなってもアメリカは尖閣を守ってくれない、という〈2〉。あるいは、豊富な資料をもとに「尖閣諸島は日本古来の領土である」という前提には根拠がない、ともいう〈3〉。まことにもって、ギョッとするような「暴論」ではありませんか。しかし、孫崎さんは、「領土」問題に関しては専門家中の専門家なのである。

たとえば、同じ敗戦国のドイツは、「領土」に対してどんな態度をとることにしたか。敗戦後、ドイツは、膨大な国土を失った。人の住まぬ岩礁ではない。ドイツ語を話す人びとの住む土地を、である。だが「ドイツは歴史の中で新しい生き方を見いだした」、「失ったもの（領土）は求めない、その代わり欧州の一員となりその指導的立場を勝ち取る」ことにした、と孫崎さんは指摘する。そのドイツの戦後の「国家目標」が、ぼくたちの国では「暴論」に聞こえてしまうのが、なんだか哀《かな》しい。

いまの政治システムがおかしいことは、みんなわかっている。杉田敦は、いわゆる「決められない政治」が跋扈《ばっこ》する理由は、「多数派」に負担を回すことができないので（そんなことをすると選挙で落ちるから）、政治家たちは、「後世」という「外部」へ、そのつけを回そうとするからだ、という〈4〉。あるいは、大竹文雄は、「選挙は民意を正しく反映するか」という問いに、やはり多数派が、心地よい、「つい信じてしまいそうな主張」に動かされやすいことが、とりわけ「瀬戸際に立たされた政治家」に影響を与える、と指摘する〈5〉。

どちらの意見もその通りだと思う。では、なにも変わらないのは、なぜなのか。（政治家たちに）変える気がないからじゃないだろうか。選挙区の定数を一つ二つ削減することさえできない人たちに、それ以上の変化を求めるのは、そもそも無理なんだろうか。

片山杜秀《もりひで》は、「議会の任期は一年」「比例代表選挙のみ」という、あっと驚く改革案を紹介している〈6〉。任期が1年ぐらいじゃないと複雑な現代社会に対応できないし、比例代表（当然、任期中は公約を変えられないという前提で）じゃないと、せっかく投票したのに勝手に政策を変えられてしまうから、というのだ。この（ぼくの考えでは）まともすぎる「暴論」を提案したのは、日本政治史上最大の「暴論」、「天皇機関説」を唱えた美濃部達吉だそうです。いまから、七、八十年前に、ここまでいっていたんだ。ちなみに、片山さんは、いちど「内閣などをぜんぶ、女性に変えてしまう」ことを提唱していて、それは、「子供を産むとか、育てるということを本気で考えていない男の社会」がかくも悲惨な結果を招いたからだというのだが、これも、ぼくには「暴論」ではなく、ものすごくまともな意見に聞こえるんですけれどね。

最後に、教育のことを。内藤朝雄は「いじめの蔓延《まんえん》」を食い止めるために、「法の介入」と「学級制度の廃止」を提案し、同時にその実現は困難をきわめるだろうと書いている〈7〉。これを読んで、「学級制度の廃止」だけではなく、さらに進んで、学年も、試験も、宿題も、通知簿も廃止して、その結果、いじめを実質的に根絶している、「きのくに子どもの村学園」の学園長、堀真一郎さんと話した時のことをぼくは思い出した。そのあまりにラディカルな（つまり「暴論」といっていい）教育理念を、文部科学省は支持してくれて驚いた、と堀さんは言った。「抵抗があるのは、実は、現場の自治体や教師や親の方なのです」。ぼくたち自身の中に、「変化」を拒むなにかが存在しているのだ、と。２０１２・９・27

〈1〉東浩紀「僕は福島第一原発観光地化計画を提案します」（週プレNEWS、http://wpb.shueisha.

co.jp/2012/09/04/13790/　2012年9月4日）
〈2〉孫崎享「米国は尖閣諸島を守ってくれない」（「週刊ポスト」2012年9月7日号）
〈3〉孫崎享『日本の国境問題』（ちくま新書、2011年5月刊）
〈4〉杉田敦「『決められない政治』とポピュリズム」（「世界」2012年10月号）
〈5〉大竹文雄「選挙は民意を正しく反映するか」（「中央公論」2012年10月号）
〈6〉片山杜秀『片山杜秀の本5　線量計と機関銃』（アルテスパブリッシング、2012年7月刊）
〈7〉内藤朝雄「法の介入、学級制度廃止でいじめの蔓延を食い止めろ」（「中央公論」2012年10月号）

フタバから遠く離れて

映画「フタバから遠く離れて」は、東京電力福島第一原発5、6号機を抱える双葉町町民の「避難」の記録だ〈1〉。原発事故によって福島の人たちの多くは避難生活を強いられた。中でも、双葉町民は、遥《はる》か「遠く」、約200キロ離れた埼玉県の廃校にその居を移した。それから1年半以上、いまも一部の人たちは、そこに住み続けている。「難民」は「遠い」世界の出来事ではなく、ぼくたちの国の中に存在しているのだ。

映画の登場人物の中でもっとも心をうつのは、方舟《はこぶね》を率いるノアのような、井戸川克隆町長のように思えた。最初は、政治家たちに「原発立地」の立場から弱々しくお願いするだけだった町長は、やがてこの国の正体に気づき、変貌《へんぼう》していく。同時に発売された単行本〈2〉の中で、長いインタビューに答え、こんな事態に陥ったのは、物事の隠蔽《いんぺい》を可能にさせている国民性であると述べた町長は、最後「民主主義とは何か」という問いに、こう答える。

「代務者、代議員にすべてを任せるのとは違うものと考えます。……任せられる者と任せる者との信頼関係の下に隠蔽や偽りがない代務を行うことを原則として、任せられた者は任せた者の意向を勝手にできない約束ができていることが大切です。……『信頼』に大きな権限を与え、代務者に資格基準を求め、品性、品格、正義がなければならない」

故郷を失った、小さな、東北の町の長の口から、民主主義に関するもっとも深い考察が語られている。

古川美穂が紹介している岩手県宮古市の重茂《おもえ》漁業協同組合の歩みにも、ぼくは深い感銘を受けた〈3〉。大震災で壊滅的な被害を受けた同漁協が、「どこよりも早く復興の狼煙《のろし》」をあげることができたのはなぜか。津波からひと月もたたぬうちに開かれた全員協議会で、伊藤隆一組合長は、こう語った。

「誰も経験したことのないこの津波、この被害を、みんなでどう乗り越えるのか。……今になっても政府は右往左往して何ら方針が出てこない。政府の決めるのを待っていたのではどうにもならない。この重茂の行くべき道をみんなで話し合って決めないと」

組合長が提案したのは、本来一人一人が事業主である漁家たちに「残された船を漁協で管理して共同利用する。水揚げはプールして平等分配するという前代未聞の方法」だった。そして、組合員たちは一つの異論もなく、それを受け入れたのだ。なぜ、それが、すなわち「協同」が可能だったのか。それは、沿岸漁民たちにはもともと「みんなで海を守るという『海の自治形態』」があるからだ。彼らの「自分たちの権利を守るために人任せにせずに責任を負う」という考え方に、いまこそ耳をかたむけたい。

津田直則が紹介しているスペインのモンドラゴン協同組合は総計250の様々な企業・組織の連合体だが、そこでは「連帯」の精神が重視されている〈4〉。たとえば、給与の最低と最高の格差に制限を設けることで、「現場労働者と経営トップの連帯を示している」。「クーリエ・ジャポン」〈5〉は、同じくスペインで去年、オキュパイ・ウォールストリートに先駆けて起こった、市民の反格差の行動「15－M運動」が、次の段階に、既存の政治・経済システムとは違う独自のシステムの構築へ向かっていることを教えてくれる。あるいは同じ号で取りあげている、インターネットとパソコンを駆使して、全く新しい政治参加の方法を繰り広げ、支持を広げつつあるドイツの海賊党。これらのグループに共通するのは、硬直した政治・経済システムに頼らず（人任せにせず）、自らの手でシステムを作ろうという意志だ。

今月、論壇誌には「領土問題」に関する論考が溢《あふ》れた。その中には、示唆に満ちたものも、感情を煽《あお》り立てるだけのものもあった。そのどれかについて書きたいと思ったけれど、そのどれより鮮烈な印象を受けたものを、ぼくは読んだ。『ドイツ・フランス共通歴史教科書』だ〈6〉。かつて殺し合った二つの国の、双方の高校生に向けて執筆された、この現代史は、ドイツ語版もフランス語版も全く同じものになるよう作られた。

表紙には2枚の写真が置かれている。1枚は、１９８９年の「ベルリンの壁崩壊」であり、もう1枚は、１９８４年、第1次世界大戦でもっとも多くの戦死者を出した仏ヴェルダンで両大戦の死者に哀悼の意を表するために、固く手を握り合って立つ2国の首脳の姿だ。その、まるで幼子のように無防備な姿を見せることのできる指導者を持つ、その国の人たちをぼくは羨《うらや》ましいと思った。序文は、こういう。

「フランスの青年もドイツの青年も、いまだかつてこれほどまでに相手国の歴史に目を向けたことはないであろう。さらにそれは開かれた地平へ、つまりヨーロッパ的、世界的視野へと向かっている。１９４５年以降の世界において、それ以外にどのような方向性があり得るだろうか?」

ぼくは、この言葉を、この国の政治家におくりたい。「日中共通歴史教科書」や「日韓共通歴史教科書」は、まだ「遠い」未来にしかなく、ぼくたちの生き死にに関わり、「近く」にあるべき政治・経済のシステムはいま「遠く」に感じられる。だが、それを「近く」にする戦いはもう始まっているのだ。（２０１２・10・25）

〈1〉映画「フタバから遠く離れて」（船橋淳監督、２０１２年）

〈2〉船橋淳『フタバから遠く離れて』（岩波書店、2012年10月刊）
〈3〉古川美穂「協同ですすめる復旧復興」（「世界」2012年11月号）
〈4〉津田直則「モンドラゴン協同組合　連帯が築くもうひとつの経済体制」（同）
〈5〉特集「こうすれば、『社会』は変えられる。」（「クーリエ・ジャポン」2012年11月号）
〈6〉『ドイツ・フランス共通歴史教科書【現代史】』（明石書店、2008年12月刊）

被害者の度量、加害者の慎しみ

熊谷博子の『むかし原発　いま炭鉱』を読んだ〈1〉。ふつうは「むかし炭鉱　いま原発」だろう。けれど、この本を読むとき、読者は、この「むかし」と「いま」の逆転を受けいれるはずだ。

熊谷はかつて三池炭鉱のドキュメンタリーを撮り、日本一だった三池炭鉱の「その後」を撮ることが、いまに至る日本の来た道を探ることだ、と知った。そして、滅びゆく炭鉱と連動するように成長していった原発の背景が、あまりにも似ていると感じ、この本を作った。

熊谷は、過去を丹念に追う。いや、「過去」ではない。生きている人たちがいまもいるからだ。炭じん爆発事故によるCO中毒にかかった労働者たち、強制連行されてきたおびただしい数の朝鮮や中国の労働者、そして、彼らが起こした訴訟。これら一連の裁判の最高裁による決定は、東日本大震災が起こるわずか10日前にもあった。

筑豊じん肺訴訟の最高裁判決で国を代表して患者たちに頭を下げたのは「原子力安全・保安院」の初代の院長だ。資料によれば、裁判が国に問いかけたのは、「《石炭政策》を推し進め、《炭鉱企業》と共同し、劣悪な《粉じん職場》をつくり出し、かつ国として《じん肺防止》のための対策をとらなかった責任」だった。

熊谷は「《　》内をそれぞれ、『原発政策』『電力企業』『放射能職場』『被ばく防止』と置き換えれば、そのまま同じではないか」という。原発問題は「むかし」からあった。あるいは、「いま」も炭鉱問題は生きているのだ。

外務省出身の東郷和彦は、日韓関係の緊張に触れて、その最大の要因は「慰安婦問題にある」とする〈2〉。そして、驚くべきことをいう。この問題に関して、「世界の大勢」は、日本国内の議論は無意味である、としている、と。

「慰安婦問題」に関して、この国では、「強制性」があったかどうかが議論になっている。またその裏側には、当時の社会事情の中で「慰安所」の設置そのものは否定できないという考え方がある。だが、あるアメリカ人は、東郷にこういう。建国の頃アメリカは奴隷制を受け入れていたのだから、歴史的には奴隷制は当然の制度だ、という議論は、いまのアメリカではまったく受け入れられない。過去は常に現在からの審判に向かい合わねばならないのだ、と。その考え方によれば、狭義の「強制」がなくとも、国や社会が、結果として、弱い立場の女性に性的な奉仕を強いたなら、それは「人道に対する罪」なのである。

かつて、朴裕河《パクユハ》は『和解のために』〈3〉で「教科書」「慰安婦」「靖国」「独島（竹島）」という、日韓の間にあって両者を引き裂く四つの問題の解決への道を探った。

朴が試みたのは、真実を単純化させないために、両者の意見に徹底的に耳をかたむけることだった。どちらにも理があり、また同時にどちらにも理のないところがあった。たとえば、朴は、「慰安婦」問題については、日本の責任を問いつつ、同時に「娘を売り渡した養父」や「日本軍兵士でもあった朝鮮人兵士」による「慰安婦施設の利用」を指摘し、その責任を問う。被害と加害は単純に分類できない。時に、被害者は加害者でもあったのだ。

その朴が、「改めて『和解のために』」と題し、「独島（竹島）」問題について発言した〈4〉。その小さな島がどちらに属するのかをめぐって、二つの国は、膨大な資料を基にその帰属を主張する。けれど、朴はこういうのである。

「古文書に依存して『今、ここ』を決めるようなおろかな拘束から自由になる」必要がある。『過去』をもとに現在を考えるのではなく『未来』に向けて現在を作って」いかねばならないのだ、と。

「週刊朝日」による、橋下徹大阪市長に関する連載〈5〉が1回で中止になり、週刊朝日側の全面謝罪によって「事件」は幕を引いた形になった。この問題を詳しく論じた篠田博之は、なにも解決していないのではないかと疑念を呈している〈6〉。ぼくも半ば同感だ。ぼくは、問題になった連載記事を読み、なんともいえないイヤな気分になった。週刊誌側は記事中にあった差別表現について謝罪しているのだが、ぼくの感じた「イヤな気分」には別の理由がある。

その記事は、対象となった橋下氏への嫌悪の情、あるいは憎悪に近い感情を隠していないように見えたからだった。人びとの憎しみや嫌悪をかきたてることによって相手を攻撃すること。それは、橋下氏が労働組合や彼を批判する学者たちに対して用いたのと同じやり方だ、とぼくは感じた。人は何かと戦おうとして、時に、それと気づかぬうちに、攻撃している相手と同じことをしている。

朴裕河は、責任は問われ続けなければならない、とした上で、攻撃の応酬を終わらせる鍵を握っているのは「被害者側」だ、と書いている。

「被害者の示すべき度量と、加害者の身につけるべき慎みが出会うとき、はじめて和解は可能になるはずである」〈3〉

ぼくたちの国では不満が鬱積《うっせき》し、その捌《は》け口として、誰かを、あるいは何かを攻撃する言論が跋扈《ばっこ》している。だが、それは何も生み出さず、この国を走る亀裂を深めるだけだ。

必要なのは「和解」への道筋なのかもしれない。だが、そのためには、相手を「理解」しようとする強い思いがなければならないのである。２０１２・11・29

〈１〉熊谷博子『むかし原発　いま炭鉱』（中央公論新社、２０１２年３月刊）
〈２〉東郷和彦「私たちはどのような日韓関係を残したいのか」（「世界」２０１２年12月号）
〈３〉朴裕河『和解のために』（２００６年刊、大佛次郎論壇賞、11年７月に平凡社ライブラリー版）
〈４〉朴裕河「冷戦と『独島（竹島）体制』　改めて『和解のために』」（「ａｔプラス」14号）
〈５〉佐野眞一・今西憲之・村岡正浩「ハシシタ　奴の本性」（「週刊朝日」２０１２年10月26日号）
〈６〉篠田博之「『週刊朝日』連載中止事件と差別表現をめぐる議論」（「創」２０１２年12月号）

自民党改憲案は最高の「アート」だった

森美術館で開催中の、現代美術家・会田誠の展覧会に行ってきた〈1〉。ぶっ飛んだぜ！　グロテスクでナンセンス、でもすっごく刺激的、うちの子どもたち（小1・小2）を連れてもう一回行こうかな。こんなものを見せたら、イケナイ子になっちゃうかもしれないけど。

可愛い女子校生が切腹したり、集団でミキサーにかけられたりするアブナイ絵から、太平洋戦争をテーマにしたシリーズ（日本軍の戦闘機がニューヨークを爆撃する風景とか）、ゴキブリや嘔吐《おうと》をテーマにしたもの、ビンラディンが酔っぱらってくだを巻いているだけのヴィデオまで、「美術品様」と崇《あが》められることだけはお断り！　みたいな風情で、でも、時代とバトルしてるところがナイスだった。

サラリーマンの死体が山のように積み上がった大作「灰色の山」を見ていると、胸の中が怪しくざわめいて、野暮《やぼ》を承知で、これは一体何を暗示しているのだろうか、と考えてしまう。現実すれすれのところで、ありえないものを描き、そのことで、いま見ている現実がなんだか嘘《うそ》臭く見えてくる。それが「アート」の力なんだろうか。

いや、おれがそう思ったのは、最近、なによりも「現実」であるべき政治が、「アート」みたいになってきたからだ。

いま最高の「アート」の一つは、今年の春に自民党が発表した「日本国憲法改正草案」じゃないかな〈2〉。今度、首相になるらしい安倍晋三さんも最高顧問を務める憲法改正推進本部が作ったやつだ。ってことは、これ、ほんとにおれたちの憲法になっちゃうかもしれない。

まず「前文」の文章が下手すぎて泣ける。思わず添削したくなるが、わざとそう書いたんだろう。「基本的人権」は目の敵にされているらしく、第12条にはわざわざ「国民の責務」というタイトルがつけられ「自由及び権利には責任及び義務が伴うことを自覚し、常に公益及び公の秩序に反してはならない」とある。ちなみに現行では「(国民は自由及び権利については)常に公共の福祉のためにこれを利用する責任を負う」となってるから、人権、ずいぶん肩身が狭くなっちゃうね。この「改正草案」では、「公益及び公の秩序」ということばが乱発されていて、これに反すると何でもアウトみたい。えっ? たとえば、この論壇時評で政府批判をしたら「公の秩序」に反することになって禁止されるわけ?

でも、「表現の自由」があるから大丈夫……と思っていたら、さあたいへん。この「草案」では「表現の自由」はなくなってます。正確にいうと、「第21条　集会、結社及び言論、出版その他一切の表現の自由は、保障する」に続いて新しい項目が登場してる。「2　前項の規定にかかわらず、公益及び公の秩序を害することを目的とした活動を行い、並びにそれを目的として結社をすることは、認められない」のだそうです。

この「草案」の起草委員たちが「主権は国民にはない」とか「天賦人権論をとるのは止めよう」というのが私たちの基本的考え方です」といって物議を醸した〈3〉。確かに首尾一貫してる。でも、こんなのありえないし。だから、どう考えても「アート」にちがいない。人びとの覚醒を促すために、わざと反感をかうような表現をとったに決まってる！　ふう。もう「アート」はいいや。難しすぎるよ。もっとわかりやすいものを取りあげよう。

雑誌「アステイオン」は「それでも民主主義」という特集を組んだ〈4〉。ジョン・ダン〈5〉、宇野重規〈6〉、空井護〈7〉、それ以外の著者たちも違うテーマを扱いながら、底に流れているものは同じであるようにおれには思えた。

それは、「民主主義」は「もうライバルが残っていない」(ダン)ほど優れた制度でありながら、民主主義がいまきわめて危うい状態にある、という考えだ。

おれは、今度の選挙の直前、あちこちで「ほんとうに投票したいところがどこにもない！」という悲鳴のような声を聞いたが、この著者たちは、そんな声に耳をかたむけていたのだろう。

宇野は、こういう——かつては「共産主義」が「民主主義の敵」であった。「敵」は「外」にいたのだ。だが、いまでは「敵」は「自らの内」にある。排外的なナショナリズムの熱を受けて「外国人・移民」が「敵」になる。あるいは、平等を求めて生まれたはずの「民主主義」の下で、格差が増大し、そのことに人びとは奇妙なほど無頓着だ——と。それはなぜなのか。そこから脱することはできるのか。

ほんとうに、これ以上の制度が考えられないのなら、おれたちは「これ」をなんとか使えるものにする努力をしなきゃならないのかもしれん。

最後に、もう一度、「憲法」を読むことをお勧めしたい。といって、あの「改正草案」じゃない。あれは、現代「アート」で疲れるから。おれのお勧めは、エクアドル憲法だ〈8〉。

目玉は、「自然」自体の「権利」を保障している条項だ。パチャママ（母なる大地）は「その存在と維持そして再生を尊重される権利を有する」と書いてあって、恣意《しい》的な乱獲を拒めるのだ。いいなあ、エクアドルの草木は。そのうち、おれたち日本人より人権（樹権？・）が保障されてるってことになるのかも。

よく考えてみれば、この憲法も、（むかつかない、人と自然に優しい）「アート」なんだけれど。　2012・12・20

〈1〉「会田誠展：天才でごめんなさい」（森美術館＝東京）
〈2〉自民党「日本国憲法改正草案」（http://www.jimin.jp/policy/policy_topics/116666.html）
〈3〉togetter「自民党の西田昌司と片山さつきが、国民主権と基本的人権を否定してしまいました」（http://togetter.com/li/419069）
〈4〉特集「それでも民主主義」（「アステイオン」77号）
〈5〉ジョン・ダン「等身大の民主主義観」（同）
〈6〉宇野重規「内なるバランスの回復を目指して」（同）
〈7〉空井護「現代民主政1・5」（同）
〈8〉エクアドル憲法（引用元は以下。http://cade.cocolog-nifty.com/ao/2008/10/081012-6642.html）

選ぶのはキミだ 決めるのはキミだ 考えるのはキミだ

ラップって知ってるよね。リズムに乗って、すごい早口で、しゃべってるみたいに、若者が歌うやつだ。都築響一さんは、いま地方の若者たちが熱中してる音楽は、ロックでもポップスでもなくラップで、閉塞《へいそく》した（地方の）若い連中の、心のひだをきちんと表現できるのは、それだけなんだっていってた〈1〉。そんなことまるで知らなかったな。

ぼくは、この1週間ぐらい、ライムスターの新しいアルバム「ダーティーサイエンス」をずっと聴いてる。訳すと「汚れた科学」だ。とんでもないものを爆発させて、大地を汚した科学、なんのことだかわかるよね。彼らは、武道館を満杯にするぐらい人気のあるラップ（正確にいうとヒップホップという文化、その音楽のやり方がラップ）のグループで、たくさんヒット曲もある。でも、このアルバムでは、恋愛や個人の悩みより、いまの社会で起こっていることに向かって真っすぐ突き刺さるうた（詞）をうたってる。そして、こう訴える。

「選ぶのはキミだ　キミだ　決めるのはキミだ　キミだ　考えるのはキミだ　他の誰でもないんだ……The choice is yours」〈2〉

面白いのはメンバーたちが、大切なのは「インテリジェンス」って、いってることだ。音楽なのにインテリジェンス？　意外に思う人も多いかもしれないね。「80年代のヒップホップはインテリジェンスな部分に成り立っていたところがあったよね。ゲットーで生まれたストリート・ミュージックなんだけど、そこに知的であろうという姿勢があるのが衝撃だった」ってメンバーのひとりもいってるけど〈3〉、もともとアメリカの貧しい黒人たちの間で生まれたヒップホップは、生まれながらに社会の矛盾と直面してた。だから音楽なのに、あんた考えな、って、メッセージに溢《あふ》れてる。

いつごろからなんだろう。「インテリジェンス」とか「知性」ということばを、「現実離れした理想論をギャーギャーいってる学者」とくっつけて、胡散臭《うさんくさ》いと感じる人たちが増えたのは。でも「インテリジェンス」っていうのは、要するに「対話ができる能力がある」ってことじゃないかな。

総選挙当日、「池上彰の総選挙ライブ」で、ズバズバ鋭い質問をして、政治家たちをあたふたさせた池上さんは、放送を回顧して、「どの質問も、暴走しているように見えて、実は私なりに考え抜いた発言だ」ったといってる〈4〉。そして、「いまの日本の政治家は、質が低いのではないか」という批判には「政治家と真剣勝負をしてこなかった日本の政治ジャーナリズムにも、その責任の一端がある」とも。政治家たちがダメだ、話がぜんぜん通じない、というのは簡単だし、たぶん当たっているんだろう。けれど、政治ジャーナリストたちは、いい加減な返事ができないと彼らを恐れさせ、勉強しなきゃいけないと思わせるような質問をしてきただろうか。

「いい質問ですね」が池上さんの口癖だ。それは「インテリジェンスがありますね」という意味じゃないかな。

ぼくがそんなことを考えてしまうのは、なんだか、世の中、それとは正反対の方へ向かってるみたいだからだ。

たとえば、桜宮高校の「体罰」事件。ぼくは、体罰や「イジメ」で怖いのは、暴力(無言の暴力も含めて)そのものじゃなく、そこには「対話」がないことだと思ってる。つまり、「インテリジェンス」が存在しないことだ。「インテリジェンス」のない教育って、なんなんだろう。ぼくには、意味がわからない。

麻生太郎副総理が、終末期医療をめぐって、「さっさと死ねるように」と発言して問題になった(後で取り消したけど)。そういえば、以前も石原伸晃さんが幹事長だったとき、「尊厳死」に関して同じようなことをいっていたっけ〈5〉。これらの発言に「ひどい」と眉をひそめることは簡単だ。でも、ぼくは、なによりここにも「対話」のなさを感じた。彼らと、そこで話の対象となっている人たちとの間に、超えようのない断絶があるような気がする。「もの」とか「数」として扱われてる気がする。ちがうよ。みんな生きてるにんげんだ。

生活保護費の削減が決まったというニュースが流れたとき、ぼくは「POSSE」の特集を読んでいた。唐鎌直義さん〈6〉がイギリスの同じ制度と比較をし、それから後藤道夫さん〈7〉や布川日佐史さん〈8〉が、生活保護の実態や問題点について詳細に論じている。ほんとに勉強になった。そして、気がついたんだ。この国の生活保護制度って、すごく「イジメ」っぽいってことに。

復興構想会議に参加し、わずか10カ月で「解任の文書が届い」た玄侑宗久さんは「福島の再生なくして、何が『日本再生』か」で、こう書いている〈9〉。

「この国の再生のために求めるのは、なにも特別なことではない。想像力の限界はよくわかっているから、せめて『一隅』に出向く誠意と行動力、そして無駄遣いせず、人情がわかる、普通の政府が欲しい、それだけである」

「普通の政府」。それは「インテリジェンスのある政府」ということだ。そんなものがどこにある、と他人事《ひとごと》みたいに文句をいってる場合じゃないんだよね。「対話」をする気が

ない相手を、無理にでも「対話」に誘いこまなきゃなんない。池上さんがやってるみたいにね！　2013・1・31

〈1〉都築響一（2012年10月のNHKラジオ「すっぴん！」での発言）
〈2〉ライムスター「The Choice Is Yours」（歌詞Mummy-D・宇多丸）
〈3〉アルバム用のプレスリリースから引用
〈4〉池上彰「政治家の器は『答え方』でわかります」（「新潮45」2013年2月号）
〈5〉「報道ステーション」での2012年9月の発言から（ネットの関連サイトは、http://togetter.com/li/371521）
〈6〉唐鎌直義「なぜイギリスでは公的扶助が受けやすいのか」（「POSSE」17号）
〈7〉後藤道夫「生活保護の手前に、所得保障と基礎的社会サービスを」（同）
〈8〉布川日佐史「権利としての就労支援、出口としての中間的就労」（同）
〈9〉玄侑宗久「福島の再生なくして、何が『日本再生』か」（「新潮45」2013年1月号）

「壁」にひとりでぶつかってみる

「衆議院選挙東京第25区の候補者に会って質問できるか　やってみた」という動画を見ていて、途中で画面がよく見えなくなった〈1〉。どうしたのかと思ったら、涙がこぼれそうになっていたんだ。なんて、こったい！

それは、ひとりの無名の青年が、自分の選挙区の候補者たちのところに出かけて質問をするところを（自分で撮影した）、どう見ても面白くなさそうなドキュメンタリーだった。そして、たいていの場合、候補者の事務所は、そんな青年の希望を、時にむげに、時にやんわりと断る。気が弱そうな青年の声、断られてしまった後の徒労感。ある事務所のスタッフは「マスコミじゃないんだから」と冷たく言い放つ。それでも、気を取り直して、青年はまた別の事務所をひとりで訪ねる。そして、この映像を見ていた者は、突然、この青年がぶつかって弾《はじ》き飛ばされる「壁」の正体に気づくんだ。実は、その「壁」に、ぼくたちみんなが弾き飛ばされているってことにも。

ぼくは、この動画を大塚英志さんの書いた文章で知った〈2〉。大塚さんが「ナベタくん（仮）」と呼ぶこの青年は、大塚さんの昔の教え子で、色々あって「バイトも辞めて」「微妙に引きこもり状態」の「ナベタくん（仮）」は、特別な政治信条を持っているわけでもないいし、誰かに頼まれたわけでもない。「誰かの役に立つかもしれない」と思って、その動画を撮り始めたんだ。

そして、彼は「見たまま、聞いたまま」をそのまま記録する。そんな「ナベタくん（仮）」の動画を見た人たちは（少数だけれど）「とてもすごいことをしているのかもしれない」とネットに書きこみ、大塚さんは「ぼくもそう思っている」と書いた。うん、ぼくもそう思うよ。心の底から。

「ナベタくん（仮）」がやったのは、「考える」ための材料を人びとに提供することだった。彼が提供してくれた材料には、どんなマスコミも伝えられなかった、貴重ななにかが含まれている、とぼくは思った。そして、それを「ナベタくん（仮）」はたった一人で始めたんだ。

水俣病と半世紀にわたって向き合ってきた医師、原田正純さんが亡くなって半年以上過ぎて、「週刊金曜日」が特集を組んだ。その中で、高峰武さんは「水俣病の『四銃士』」について書いている〈3〉。「四銃士」とは、1960年前後から水俣を歩いていた4人の若者、原田さん、写真家の桑原史成、科学者の宇井純、作家の石牟礼道子のことだ。彼らは、最初面識がなかった。経歴も違った。専門分野も違った。けれども、彼らが目指したものは同じだった。その頃、石牟礼さんは宇井さんにこういったそうだ。

「悔しいけれど歯が立たない。でもだれも読まなくても記録だけはしておこう」

彼らの前には、国・裁判所・企業・専門家が作る、びくともしない巨大な「壁」があった。近代日本最大の公害病である水俣病の原因が、チッソが排出する有機水銀であることを証明するための長い旅の始まりだ。「壁」を前にして、彼らは絶望しなかった。いま考えるなら、彼らは、ひとりひとり、それぞれの場所で、目の前で起こっていることを「記録」しようとしたんだ。なぜ？　いつか、未来の誰かが、それを読むことが希望だったからだ。そして、彼らは不可能を可能にしたのだった。

「THE　FUTURE　TIMES」は、人気のロックバンド、アジアン・カンフー・ジェネレーションの後藤正文さんが私財を投じて作っているフリーペーパー〈4〉。置いてあるのは、後藤さんに共感する様々な種類の店。でも、この新聞には音楽の記事も若者向けの記事もほとんどなく、「3・11」の被災地の現在を丹念に、そして深く追い続ける記事と写真が中心だ。ここにも「記録したい」と願い、そのことが未来に繋《つな》がると信じる「ひとり」がいる。

この国はすごくヤバいみたいだ。なにかの蓋《ふた》が開いたみたいに、毎日のように体罰やイジメのニュースが流れてる。どこかで誰かが、殴られたり、蹴られたり、罵詈《ばり》雑言《ぞうごん》を浴びて、傷つき、時には自らの命を絶つ。ここにも同じ「壁」がある。自分たちを絶対正しいと考え、それに疑いを抱いた「ひとり」の声をはねつける「壁」が。

指導者の暴力・ハラスメント行為を告発して立ち上がった柔道女子選手たちの相談相手となっていた山口香さんは、途中で彼女たちにこういう〈5〉。

……あなたたちは何のために柔道をやってきたの。私は強い者に立ち向かう気持ちを持てるように、自立した女性になるために柔道をやってきた。だから、自分たちで考えて……と。

柔道の創始者、嘉納治五郎の言動を追った、村田直樹の『嘉納治五郎師範に学ぶ』〈6〉によれば、帝大出身のインテリで、語学にも堪能だった嘉納は、柔術の指導者たちの不合理な教え方に疑念を抱き、科学的原理に則《のっと》った「柔道」を編み出した。嘉納が「柔道」の目的と考えたのは「心身の鍛錬」だった。「身」だけを鍛える「術」ではなく、「心」も鍛え「善い人」を作る「道」を求めた。後半生を「教育者」として生きた嘉納が、いまいたら、告発した女子選手たちを強く支持したことだろう。

目の前の「壁」は高く、ぶ厚い。でも、それを壊すには、まず「ひとり」が必要なんだ。

2013・2・28

〈1〉「衆議院選挙東京第25区の候補者に会って質問できるか　やってみた」(http://www.youtube.com/watch?v=il6nOYOmXEE)

〈2〉大塚英志「ナベタくん（仮）の選挙」(「atプラス」15号)

〈3〉高峰武「一人の医師が存在したという救い」(「週刊金曜日」2013年2月8日号)

〈4〉「THE FUTURE TIMES」04号（後藤正文編集長、配布場所の情報はhttp://www.thefuturetimes.jp/list/)

〈5〉山口香インタビュー「15人の告発」(「朝日新聞」2013年2月7日付朝刊)

〈6〉村田直樹『嘉納治五郎師範に学ぶ』(日本武道館、2001年)

大きな力に立ち向かう

哲学者の鶴見俊輔は、かつてこんなことを書いた〈1〉。

「敗戦のしらせを夏休みのただなかで受けたあと、一九四五年九月一日、学校に向かう先生の足取りは重かった。それまで教えてきたことの反対を、おなじ子どもたちに教えなくてはならない。

自分が問われる。

そのとき、子どもたちに向かって立つ先生の肖像は、光背を帯びていた。それは国に押しつけることではすまない、自分自身のまちがいである」

戦争を「正しい」ものとして教えていた同じ先生が「正しくなかった」といわねばならない。恥ずかしい。けれども、その、うつむく姿こそ輝いていた、最高の教育だった、と鶴見は考えた。それが「光背」の意味である。先生も自分と同じ、間違える存在なら、なんでも唯々諾々と受け入れることなどできない、生徒たちはそう考えることができたのだ。

だが、それも束《つか》の間のことだった。すぐに、すべては元に戻った。先生は国が公認した「正解」を教える存在へ、生徒はその「正解」を暗記する存在へ、と。

震災時、首相であった菅直人へのインタビューで小熊英二はこういっている〈2〉。

『再稼働反対』というのは、たんに大飯三号機と四号機という個別の原発を再稼働するのに反対という狭い意味だけではなくて、『三・一一以前の日本を「再稼働」するのは許せない』という意味だと私は解釈していました」

小熊のことばを借りるなら、この国はいま、「三・一一以前再稼働」への道をまっしぐらに歩みつつあるように見える。

震災と原発事故は、この国の中にひそんでいた、多くの闇をぼくたちの前にさらけ出した。地方をなぜ切り捨ててきたのか。原発事故はなぜ起こったのか。誰が、どんな責任をとり、そこからどんな未来を目指すのか。けれど、新しく首相となった人の、総選挙直後の会見や、国会での所信表明、施政方針演説をいくら読んでも、これらの疑問への回答はない。一言も。まるで、3・11以前の政治には問題がなかったかのようだ。

さっき取りあげたインタビューを、小熊はこんなふうに始めた。

「今日は自己弁護や党派的利害を抜きに、本当のことを語っていただきたいのです。アメリカではこういった証言のさい、証言者は聖書にかけて、自分が知る限りの真実を語ることを宣誓します。本日は『歴史の法廷に立つ身』として、自らが命令を下された方々、犠牲になった方々へ向けて、宣誓をお願いいたします」

異様な文言だ、と感じる読者も多いだろう。それは、ぼくたちが、これほどまで真剣に「本当のこと」を語れ、といわれることがないからだ。だが、「本当のこと」が語られないところでは、どんな責任もとりようがないのだ。

このインタビューではもう一つ大きなテーマが扱われている。それは〝原発というのは、最悪の場合には誰かに死んでもらう命令を出さなければならないものであり、日本にその仕組みがない〟という問題だ。そして、その答えがないまま、いまも、その問題に直面している原発作業員たちは座談会で、こう赤裸々にしゃべっている〈3〉。

「収束」などしていない、「収束」したことにしたい人たちがいるのだ、と。あるいは、東電は事故前の体質にもどっている、と。そして最後に「世間」に向かってこう述懐するのである。

「もう震災や原発事故は過去のことだと思っているのでしょうか」

鷲田清一は、アーティストたちと震災の関わりについて書いている〈4〉。

今回の震災でたくさんのアーティストたちが被災地に入った。そこには、「音楽が、創られたオブジェが」「人びとをじかに励ます」という要素もあっただろう。また、逆に、アーティストではなく単なるひとりの人間として、駆けつけた者もいただろう。しかし、そのどちらでもない（どちらでもある）ものもあったのではないか、と鷲田は書く。たとえば、写真家の志賀理江子のように。

志賀は、震災後、被災地に入ったのではない。何年も前に、宮城県の海岸沿いにある「北釜」という、平均年齢が60歳を超える、100世帯ほどの小さな集落に工房を作り、移り住んだ。その、外からやって来たアーティストは、やがて、その集落の「専属カメラマン」として、行事に参加し、写真を撮り、人びとの話に耳をかたむけるようになる。「北釜」の「記録係」になった志賀は、深く、その土地と歴史に魅せられてゆく。そんな志賀と集落を、津波が襲った。集落のおよそ6分の1の人たちが亡くなるのである。

「ある日突然スーツを着た人たちが高級車でやってきて、夢物語のような復興計画をたくさん話したことがありました。『これさえ実行できればすべてがよくなる。前よりももっと豊かになる。雇用も生まれて苦しい思いをしなくてすむ。あなたを助けたい』と言って豪華なお弁当を配った。……私たちが望む望まないにかかわらず、ここの住民ではない推進者の周到な計画にすべてを急がされたのはすごく悔しいことでした」〈5〉

志賀は、そこに根づいた「地霊」のように、土地の人びとの内奥の声を響かせる。そのことによって、過去を忘れ、責任や問題から目を逸《そ》らし、楽観的に「未来」を語ろうとす

る「大きな力」に立ち向かっているように、ぼくには思えた。2013・3・28

〈1〉鶴見俊輔「日本教育史外伝」（『思い出袋』岩波新書、2010年刊、所収）
〈2〉菅直人インタビュー「官邸から見た三・一一後の社会の変容」（聞き手・小熊英二、「現代思想」2013年3月号）
〈3〉後藤弘・佐山孝・青木徹（仮名）原発作業員座談会「いま、イチエフはどうなっているか」（「世界」2013年4月号）
〈4〉鷲田清一「素手のふるまい（1）〈社会〉なるものを索《もと》めて」（「小説トリッパー」2013年春季号）
〈5〉志賀理江子ほか『螺旋《らせん》海岸 notebook』（赤々舎、2012年12月刊）

なんだかおかしい

4月、1回目の4年生のゼミに出かけた。出席者はふだんの半分以下。「シューカツ」と呼ばれる就職活動のためだ。

毎年この時期、大学から4年生が一斉に姿を消す。会社の説明会、試験、面接、等々。ゼミは開店休業になる。文科省は「授業時間を確保しろ」とうるさいほどいうが、会社(社会)が奪ってゆく時間には文句をつけない。大学もだ。そういうものだとみんな諦めている。

「なんだかおかしいですよね。わたし、勉強がしたくて大学に入ったのに」

ゼミ生のひとりがいった。

なんだかおかしい。わたしもそう思う。大きなものに巻きこまれているその学生の嘆きに、応えることができない自分をふがいないと思う。

少し前、朝井リョウは『何者』で戦後最年少の直木賞受賞者となった〈1〉。

『何者』は、ひとことでいうと「シューカツ」に関する小説だ。でも、渦中の学生たちは読まない。なぜなら、「あまりにリアルすぎるから」だ。

どの国の若者たちも「社会」に出て職を得ようとする。けれども、この国の若者たちは、他のどの国の若者たちよりもある意味で過酷な条件の下にいる。

「シューカツ」の中で、彼らは「仮面」をかぶることを強制される。会社（社会）にとって有益な何かをできる、積極的にしようとしている「何者」か、という仮面だ。「世界」〈2〉や「現代思想」〈3〉といった論壇誌が、そろって「就職」を特集したのは、そこに、大きな問題があることを、実はみんな気づいてきたからだろう。

産業構造の変化の結果、3人に1人が非正規労働者となったいま、必然的に、「正社員」の門は狭くなった。そこに、若者たちは殺到する。

「誰でも知ってるでけえ商社とか、広告とかマスコミとか、そういうところの内定って、なんかまるでその人が全部まるごと肯定されてる感じじゃん」という『何者』の登場人物のセリフを引用して、大内裕和は、生活すべてを「シューカツ」に捧げる、そんな彼らの活動を「全身就活」と呼んだ〈4〉。

女子学生が「感じのいい顔」にするため「プチ整形」をし、留学やボランティアをすると「就活にメリットありそう」と声が出る、そんな「全身就活」に失敗した若者は、自分を全否定するに至る。「会社の支配がついにそこまで内面化した」（竹信三恵子〈4〉）のである。

若者たちの、この「『正社員』で就職できれば、どこでも飛びつく」事態を利用して、「ブラック企業」と呼ばれる企業が急速に増え、注目を浴びている。かつては「暴力団のフロント企業」という意味であったこのことばが、いまは「違法労働をさせる企業」に転じたのだ。

この問題に長く関わってきた今野晴貴は、こんな企業が「若者を使いつぶす」実態を、克明に語っている〈5〉。

「ブラック企業」は、若者をわざわざ正社員として大量雇用した上で、離職に追いこむ。一つのやり方は、「使える者」を選別し、そうではないと判断された者を、「いじめ、いやがらせ、などのハラスメント行為」で「辞めさせる」ことだ。もう一つは、「せっかく得た正社員の職」を失いたくない若者の足もとを見て無謀な長時間過重労働を押しつけることだ。そして、どちらの場合も、離職せざるを得なかった若者の多くが、「自分には能力がない」と思いこまされ、精神に深いダメージを受けるのである。

少し前、経済誌に、誰もが知っている超一流企業である「ユニクロ」を取材した記事が載った〈6〉。ひとことでいうなら、そこに描かれているのは、「3年内離職率」が時に5

割超になり、膨大なサービス残業も要求されるという、限りなく「ブラック企業」に近い実態だ（それに対して柳井正会長兼社長は反論を〈7〉などのメディアで行っているが）。

その記事は、最後に、社長が定めた経営理念23カ条を「新人研修までに句読点の位置まで正確に覚えていないと、研修班ごとに連帯責任が問われる」ことに触れ、「新兵に軍人勅諭の丸暗記を強いた旧陸軍さながら」だと記し、「建前と現実の乖離《かいり》を『やる気』で埋めるという発想」はかつての日本陸軍のそれではないかと指摘している。わたしの感想は少し違う。その経営理念、現場で求められるもの、そこにある社員像こそ、「何者」の典型的な姿ではないか、と思った。

今日も、リクルートスーツに身を包んだ若者たちが、会社（社会）の求める「何者」に憑依《ひょうい》して、会社訪問に出かけている。そして、おそらくは、彼らの多くが、その胸の中で「なんだかおかしい」と呟《つぶや》くのである。

彼らがぶつかっているのは、単なる経済の問題ではない。社会の問題であり、また政治の問題でもあるだろう。

必要なのは、会社（社会）が押しつける「何者」像ではなく、自分のことばで作りあげる「自分」の像なのかもしれない。それは湯浅誠が対談で語った「政治を語る新しい作法」にも繋《つな》がっている〈8〉。政治への絶望が、政治を語ることばを貧しくした。だから、一から政治を語る自分のことばを作らねばならない、と湯浅はいう。
『何者』の登場人物たちは、そんな「自分のことば」を探し求めているようにわたしには思えた。そして、いうまでもなくそのことばに応える責務がわたしたちにはあるのだ。

2013・4・25

〈1〉朝井リョウ『何者』(2013年1月に直木賞受賞、単行本は新潮社、2012年11月刊)
〈2〉特集「人間らしい働き方が消えていく」(「世界」2013年5月号)
〈3〉特集「就活のリアル」(「現代思想」2013年4月号)
〈4〉大内裕和・竹信三恵子　対談「『全身就活』から脱するために」(同)
〈5〉今野晴貴「ブラック企業が日本の未来を食いつぶす」(「世界」2013年5月号)
〈6〉風間直樹・西村豪太「ユニクロ　疲弊する職場」(「週刊東洋経済」2013年3月9日号)
〈7〉柳井正　インタビュー「甘やかして、世界で勝てるのか」(日経ビジネス・オンライン、2013年4月15日、http://business.nikkeibp.co.jp/article/interview/20130411/246495/?rt=nocnt)
〈8〉内橋克人・湯浅誠　対談「政治を語る新しい作法を」(「世界」2013年5月号)

膝がくっつくほどの距離で

北原みのりさんの『さよなら、韓流』は、いわゆる「韓流」にはまった、ひとりの女性の記録で、最高に面白い〈1〉。

いかに韓流アイドルがカッコいいかを、売り出し中の「オカマ」で処女（童貞？）の「少年アヤちゃん」と熱く語り合ったり、フェミニズムの立場から上野千鶴子さんに厳しく批判されてショボンとしたり、なんかカワイイです。でも、読んでいるうちに、この軽い面持ちの本が突きつけていることの重要さに、ぼくは思わず居住まいを正した。

韓流ドラマを流すテレビ局への「反韓」デモで、その存在を広く知られた「反韓」な人たちは、その刃をファンの「おばさん」たちにも向けたんだ。

「たかが女の欲望」なのに「まるで非国民のように、まるで日本の男を裏切っているかのように罵倒される。まるで戦時中にアメリカの文化を敵視した感性と同じものが、今、韓流に向けられている。というか、もしかしたら私たちは今、戦時中なの？」。

そして、「正義」と「愛国」の名の下に（日本の男たちに）憎しみをこめて「韓流おばさんは、韓国へ行け！」と叩《たた》かれる現実。北原さんは、「反韓」感情の底に、根深い「女性差別」を見つけ、こう考えるようになった。

「この日本で女でいることって、何なの？……自分が選んだものでもないという点で、女であることも日本人であることも全く一緒だ」

「銃弾が雨嵐のごとく飛び交う中で命をかけて走っていくときに、精神的にも高ぶっている猛者集団を休息させてあげようと思ったら、慰安婦制度は必要ということは誰だってわかる」という発言をして物議を醸したと思ったら、それは「大誤報」だと言い出した橋下徹大阪市長〈2〉。「私は、いま、そう考えている」といわない限り、後で正反対のことを主張してもOKなんだって。さすが「論理の穴」を見つける天才だなあ、とぼくは唸《うな》ったよ。

この「慰安婦」発言に関しては、多くの反応があった。中でも、ぼくが心を打たれたのは、江川紹子さんによる、「女性のためのアジア平和国民基金」の呼びかけ人で理事を務め、『「慰安婦」問題とは何だったのか』〈3〉の著者でもある大沼保昭さんへのインタビューだ〈4〉。「基金」の最大の使命は「戦時中に日本兵相手の『慰安婦』となった海外の被害女性に対する償い事業」だった。だが、この「基金」の活動にはいくつもの困難が立ちふさがった。「『100％の結果は得られずとも、少しでもよりよい状態を実現しよう』と地道に積み重ねてきた人たちの思いや努力」は、様々な事情によって「無残に踏みつぶされ」てしまった。勃興するナショナリズム、それぞれの立場の「正義」を言い募ること、それらのはざまで、主人公であるべき「慰安婦」の人たちの「本音」はかき消されていった。そのことを、大沼さんは話す。

印象的なのは、静謐《せいひつ》で、少し哀《かな》しげなしゃべり方だ。それは、大沼さんが、紙の資料やなんらかの「正義」や証明したい「事実」ではなく、生身の「慰安婦」たちの姿を見ていたからだ。彼女たちの呟《つぶや》きの一つ一つを、膝《ひざ》がくっつくほどの距離で聴いたからだ、とぼくは思った。

すぐに撤回され、なかったことにされる発言、「資料がない」からといって否定される事実、あるいはお互いに罵倒のことばをぶつけ合うだけの「論争」、そういうシーンを見ていると、なんだか、ことばを使うのがイヤになってくる。

だからだろうか、ぼくの目に飛びこんでくるのは、「現場」を凝視した上で発されることばだ。

「生活保護」の申請をさらに困難にし、親族の扶養義務を強化する、という、先進国といわれるところではありえない「改正」が、ほとんど話題にもなっていない。そこにどんな問題があるのか、生活保護法の現場を見てきた弁護士小久保哲郎さんのツイッターへの投稿〈5〉、同じく生活困窮者へのサポートを続けてきた大西連さん〈6〉や、自らも障害を抱えたみわよしこさんがネット上に発表したことば〈7〉には、「生活保護」の現場が生々しく映っている。そういうことばがいま欲しい、とぼくは、心の底から思う。

いや、「論壇誌」に載ったものの中にも、生々しいことばがある。想田和弘さんのことば〈8〉。想田さんは、憲法について、いま自民党が言い出している「改憲案」についで考える。学説や、いろんな人の意見によらず、たったひとり、自分のことばを積み上げて、考えてゆく。それが想田さんの「現場」だ。想田さんの考えは、論文のタイトル「日本人は民主主義を捨てたがっているのか?」に集約されている。

いまこの国の人たちの中に、「身も蓋《ふた》もない言い方をするならば、『みんなで無知でいようぜ、楽だから』というメッセージ」が蔓延《まんえん》しつつある、と想田さんはいう。「彼らにとって、政治家のレベルが低いことは好ましいことであり、むしろそのことを、無意識のレベルで熱望しているのです」

北原さんの、大沼さんの、想田さんのことばには、ぼくたちの国が置かれている状況が正確に照らし出されていて、ぼくは信頼できると思った。それに、彼らは、自分がいったことばを絶対、撤回したりもしないだろうしね。2013・5・30

〈1〉北原みのり『さよなら、韓流』（河出書房新社、２０１３年２月刊）
〈2〉橋下徹大阪市長の発言（記者団とのやりとりから、２０１３年５月13日）
〈3〉大沼保昭『「慰安婦」問題とは何だったのか』（中公新書、２００７年刊）
〈4〉江川紹子「日本が誇るべきこと、省みること、そして内外に伝えるべきこと」（http://bylines.news.yahoo.co.jp/egawashoko/20130525-00025178/　２０１３年５月25日）
〈5〉togetter「小久保哲郎さんが語る、『これはトンデモナイ生活保護法改正案！』」（http://togetter.com/li/502906　２０１３年５月14日）
〈6〉大西連「生活保護法改正法案、その問題点」（シノドス、http://synodos.jp/welfare/3984　２０１３年５月18日）
〈7〉みわよしこ「事実上、利用できない制度へと変わる⁉　生活保護法『改正』案の驚くべき内容」（ダイヤモンド・オンライン、http://diamond.jp/articles/-/36055　２０１３年５月17日）
〈8〉想田和弘「日本人は民主主義を捨てたがっているのか？」（「世界」２０１３年６月号）

ぼくらはみんな「泡沫」だ

映画の試写が終わり、テーマ曲が流れ出した。あれ？　と思ったら、涙が出て止まらない。こんなの何年ぶりだろう。

「立候補」は、いわゆる「泡沫《ほうまつ》候補」たちを扱ったドキュメンタリーだ〈1〉。彼らは、奇矯な格好で登場し、時には演説や政見放送で、突拍子もないことをいって、失笑されるだけの存在だ。正直にいって、ぼくも、そんな風に思っていた。だが、彼らの選挙運動を追いかけたこの映画を見て、ぼくの浅はかな考えは打ち砕かれた。彼ら「泡沫候補」の方が、映画の中に出てくる「有力政治家」の橋下徹や安倍晋三よりずっとまともに見えたのだ。登場人物のひとり、マック赤坂はこう書いている〈2〉。

「『泡沫』候補なんて、選挙にはいない！　みんながそれぞれ確かな信念と政策を持って、命がけで立候補している」

ラスト近く、総選挙投票前夜の秋葉原、マック赤坂は、安倍晋三の登場を待つ万余の群衆の前に現れる。そして、すさまじい罵声や「帰れ！」コールを浴びながら、たった一人で踊り続ける。その姿を見ながら、ぼくは気づいた。あそこで「ゴミ！」と群衆から罵倒されているのは、ぼくたち自身ではなかったろうか。

ぼくたちは、この世界は変わるべきだと考える。だが、自らが選挙に出ようとは思わない。それは誰か他の人がやること、と思っているからだ。いや、もしどんな組織にも属さないぼくたちが選挙に出たら「泡沫」と呼ばれ、バカにされることを知っているからだ。そんなぼくたちの代わりに、彼らは選挙に出る。そして、侮蔑され、無視され、罵倒されるのである。

想田和弘との対談で、都知事選にも出馬した宇都宮健児は「制度として、市民自らが政治に参加しようにも参加できない仕組みが構造化されている」といい、たとえば、「世界一高い供託金」のルーツは1925年に制定された普通選挙法に行き着くが、それは「当時の無産政党の国政進出を阻むため」だったのだ、と指摘する〈3〉。市民団体が政治に進出しようとすれば供託金の問題に直面し、逆に、既成政党は多額の政党交付金を受ける。いまの政治制度が誰のために存在しているかは一目瞭然だろう。

参議院選挙が近づいているせいなのか、首相の安倍晋三が、さまざまなマスコミに顔を出し、発言している。

たとえば、「少子化、人口減少にどう取り組みますか?」という田原総一朗の質問に対し「『女性が輝く日本』、仕事と育児が両立でき、生き生きと活躍できる社会の構築を打ち出しました」と安倍は答える〈4〉。そして、それを読んだぼくは、なんだかひどく憂鬱《ゆううつ》になる。本気かどうか疑わしいから? ちがう。この人に代表される「政治家」のことばが、よそよそしく聞こえるからだ。

半世紀以上前、作家の武田泰淳は、ある政治家のことばに触れ、こんなことを書いている〈5〉。

「叱っている彼から、叱られているぼくらへ一本の路が通っているばかりで、叱られる者から彼への路は、全くとざされている。この断絶のはなはだしさは、たんに彼ばかりでなく、ある種の政治家の文章が、たえずぼくらの頭上におっかぶせる暗さ、重くるしさである。『どうしてこのような、悲しむべき断絶が、人間と人間のあいだに起りうるのであろうか。そして、まだまだこのような断絶から、ぼくらはしばらく、解放されそうにない』と言う、あきらめに似た不透明な霧のようなものが、ぼくらを包んでいる」

既成の政治(家)への「あきらめに似た不透明な霧のようなもの」に包まれて、棄権票は不気味に増えている。では、ぼくたちはどうすればいいのか。

「オッサンくさい政治はもう飽きた」といって結成された「全日本おばちゃん党」は、いわゆる政党ではなく、インターネット上に存在するグループだ〈6〉。「大阪維新の会が出した『維新八策』の生活感のなさにあきれ」、対案として（果物のハッサクをあしらったイラストをつけて）「はっさく」を発表。そこでは、「力の弱いもん、声が小さいもんが大切にされる社会がええねん」と主張されている。橋下大阪市長の「従軍慰安婦」発言にも敏感に反応し、彼の発言を素早く各国語に翻訳し公開した。怒りではなくユーモアを尊び、「ふつう」の人たちの感覚から離れない。けれども、彼女たちの活動も、世間の「常識」からは「泡沫」といわれるのだろう。

最後に、先頃亡くなった、なだいなださんのことを書く。なださんとは、同じ審議会の委員として月に一度、お会いする間柄だった。深い経験に裏打ちされたなださんの話の後では、他の人たちの話が（ぼくも含めて）すべて薄っぺらに聞こえて困った。そのなださんは、晩年、インターネット上に「老人党」を作り、平易なことばで、発言を続けた。なださんは、絶筆の一つで、手術のできない癌《がん》にかかっていると告白した後、こう書いている〈7〉。

「正直言うと、どうせ死ぬんだから、ふがいない政治、今の社会をいっそ見放してしまえ、と冷めた気持ちになることもないとは言えません。だけど私はやはり、生きている間は社会に責任があると思っています」

なださんは「泡沫」がやがて大きな「波」になることを夢見つつ亡くなられた。さようなら。お疲れさまでした。2013・6・27

〈1〉映画「立候補」（藤岡利充監督、2013年）
〈2〉マック赤坂『何度踏みつけられても「最後に笑う人」になる88の絶対法則』（幻冬舎、2013年6月刊）
〈3〉宇都宮健児・想田和弘　対談「政治を変えるために『選挙』を変える」（「世界」2013年7月号）
〈4〉安倍晋三インタビュー「憲法改正、靖国参拝　今日は本音で語ります」（聞き手・田原総一朗、「中央公論」2013年7月号）
〈5〉武田泰淳「二人のロシア通」（『政治家の文章』岩波新書、1960年刊、所収）
〈6〉出田阿生「愛と勇気とおばちゃんが世界を救う！」（「世界」2013年7月号、全日本おばちゃん党のサイトはhttps://www.facebook.com/obachanparty）
〈7〉なだいなだ「人生の終楽章だからこそ〝逃げずに〟生きたい」（「中央公論」2013年6月号）

悲しみを受け継ぐ旅へ

投票日の前日が、宮崎駿監督の新作「風立ちぬ」の公開初日だった〈1〉。ぼくは、銀座近くの映画館で見た。観客席は満員で、ジブリの映画としては珍しく、子どもの姿は見かけなかった。

美しい映画だった。とても。そして、不思議な映画でもあった。戦闘機零戦の設計者、堀越二郎をモデルにした主人公「二郎」は、風のような「美しい飛行機」を作りたいと願う。だが、彼の夢の結晶でもあった零戦は、この国の悲劇と運命を共にするのである。「風立ちぬ」からも、公開に前後して新聞や雑誌に発表されたいくつもの発言〈2〉からも、宮崎駿の強い思いが感じられた。だが、それが何なのかは、正確にいい表すことは難しい。

この映画のほんとうの主人公は、戦争の時代を生きた、この国そのものであるようにぼくには思えた。それにもかかわらず、また零戦の設計者の生涯を追うにもかかわらず、さらにいうなら、「戦前」への回帰が不安視される中に作られた作品でありながら、戦闘シーンは少なく、また、戦争遂行への声高な批判もない。それは、なぜだったのだろうか。

映画の後半、結核で亡くなる妻は、夫である二郎に「あなた、生きて」という。それは、戦争で亡くなったすべての人間が生き残った人びとに贈ったメッセージなのかもしれない、とぼくは思った。もちろん、死者はなにもしゃべらない。生き残った者が、そう聞き取るだけだ。戦争の死者のメッセージは、宮崎自身のメッセージと溶け合って、未来の世代に手渡される。

いま、この国では、相手を攻撃することばが飛び交っている。宮崎駿は、過去に遡《さかのぼ》って告発することばを抑えこみ、肯定的なことばを発することを選んだ。

美と技術の結晶である零戦は、世界とこの国を焼き尽くした。だが、それは戦後復興を支える技術の基礎にもなった。戦争の被害者は、同時に加害者でもあった。善きものと悪《あ》しきものを区別することはできないのである。それはいまも変わらない。そのことを知って、なお、前向きに生きていくこと。そう映画は告げているようだった。

3人の戦前生まれの政治家たち（村山富市・河野洋平・伊吹文明）の座談会で、伊吹は、安倍首相への「ご意見」を求められ、こういう〈3〉。

「歴史を学んでいただきたい……中略……戦争の実体験がない総理大臣ですから、活字や一部の『専門家』などの主張に影響されない発言、歴史の素養に裏付けられた発言が大政治家には大切だと思います」

この記事には、政治家の名前がついた、いまも議論を呼んでいる二つの談話が再録されている。そこでも、「歴史」に学ぶことが強調されている。

なぜ、「歴史」を学ばねばならないのか。ぼくたちが不完全な、「善きものと悪しきもの」が混じり合った人間だからだ。そして、そのことを、ぼくたちがしょっちゅう忘れてしまうからだ。戦前生まれの3人の政治家たちは、舞台を去ろうとして、最後のメッセージを寄せているようだった。

「チェルノブイリ・ダークツーリズム・ガイド」は、他にはない、奇妙な雑誌だ〈4〉。そもそも「ダークツーリズム」とは何のことだろう。観光学者の井出明はこう書いている〈5〉。

「ダークツーリズムとは、戦争や災害といった人類の負の足跡をたどりつつ、死者に悼みを捧げるとともに、地域の悲しみを共有しようとする観光の新しい考え方である。……日本では沖縄の戦跡や広島の原爆ドームへの修学旅行など、学習観光の一環として馴染《なじ》みの深い旅行形態であろう。ただ、ダークツーリズムの根源的意義は、悲しみの承継にあるため、学習そのものが目的ではないことにも注意しておきたい。訪問地に存在する悲しみを知ることで、学びは必然的に達せられる」のである。

27年前の巨大な原発事故の地、チェルノブイリへの「ダークツーリズム」を行った津田大介はこう書く〈6〉。

「チェルノブイリ博物館とチェルノブイリ・ツアー両方に共通するのは、そこを訪れた人に正しい情報を与えるということに加え、参加者に対して哲学的で、エモーショナルな問いかけがあるということだ」

いうまでもなく、「チェルノブイリ・ダークツーリズム」は、「フクシマ・ダークツーリズム」を行うための予備調査でもある。

「わたしたちは、新しい事故の可能性に曝《さら》されることなしに、新しい技術を手に入れることはできません……それは、わたしたちがいま享受している、科学技術文明の基本条件そのものなのです」（東浩紀〈7〉）

「原子力発電」は、夢の技術であると同時に、悪夢を呼び覚ます技術でもあった。そのことに気づいたとき、ぼくたちは、「零戦」も、同じ存在であったことを思い出す。だとするなら、「風立ちぬ」もまた、それを見る者に「哲学的で、エモーショナルな問いかけ」を行う、時を超えた「ダークツーリズム」ではないだろうか。

「忘れない」ということばだけでは、風化を押しとどめることはできないことを、映画の作り手も、座談の参加者も、チェルノブイリへ旅した者たちも、よく知っていたのである。

2013・7・25

〈1〉映画「風立ちぬ」（宮崎駿監督、2013年）
〈2〉宮崎駿インタビュー「零戦設計者の夢」（「朝日新聞」2013年7月20日付朝刊）、宮崎駿・半藤一利　対談「『風立ちぬ』戦争と日本人」（「文藝春秋」2013年8月号）ほか
〈3〉村山富市・河野洋平・伊吹文明　座談会「『談話』の精神を殺すな」（「中央公論」2013年8月号）
〈4〉東浩紀編「チェルノブイリ・ダークツーリズム・ガイド」（「思想地図β」4号－1）
〈5〉井出明「チェルノブイリから世界へ」（同）
〈6〉津田大介「チェルノブイリで考える」（同）
〈7〉東浩紀「旅のはじめに」（同）

戦争を知らない世代こそが希望なのか

大阪にあった父親の実家には、写真が飾られた小さな部屋があった。軍服を着た昭和天皇の写真、それから同じ大きさの2枚の、軍人の写真。アッツ島とルソン島で「玉砕」した、ぼくの伯父たちの写真だ。ぼくが生まれる前に亡くなった人たちだから、会ったことはない。8月15日になると、いつもその、薄暗い部屋を思い出す。

今年の8月15日、ぼくは、「ｃｏｃｏｏｎ」という舞台を見ていた〈1〉。１９８０年生まれの今日マチ子のマンガ〈2〉を、１９８５年生まれの藤田貴大が劇化した。白い砂が敷きつめられた舞台の上が、昭和20年の沖縄になった。そこで「ひめゆり学徒隊」をモデルにした少女たちが、戦火の中を逃げまどう。病院でもあった壕《ごう》の中では負傷した兵士たちが、苦しみながら死んでゆき、壕から飛び出すと米軍の艦砲射撃が激しい雨のように降ってくる。客席のすぐ目の前に、怯《おび》え、泣き叫ぶ少女たちの身体があった。彼女たちは「だれも死にたくなんてなかった」と繰り返し叫び、次々に倒れてゆくのである。

この、若い世代が作り上げた「戦争の物語」には、一つ大きな特徴があるように、ぼくには思えた。それは戦争を、単なる「過去の悲しい出来事」にはしない、という思いだ。戦争が「被害を受けた人たちが語る、苦しみの物語」であるなら、それはどんなに悲惨であっても、後からやって来る、そのことを経験しなかった人たちにとっては「他人の物語」にすぎない。

では、どうやって伝えるのか。いや、そもそも、それは伝えるべきことなのか。半世紀以上前の少女たちが、同時に現代の女の子の感受性をもって演じられていた舞台からは、その煩悶《はんもん》が感じられた。その煩悶こそが素晴らしい。

藤田と同じく1985年生まれの古市憲寿は、世界中の戦争博物館を訪ね歩き『誰も戦争を教えてくれなかった』を書いた〈3〉。戦争博物館は「その国が戦争をどのように考え、それをどう記憶しているのかを知ることができる」場所だ。ぼくたちの国では、どうなのか。

古市は、日本人の戦争に関する記憶をたどり、ついに「戦争を知らなくていい」という結論にたどり着く。

前の戦争は、日本人にとってもっとも「大きな記憶」でありつづけた。だが、それに代わる「大きな記憶」を作ることは難しい。なぜなら、現在の日本人の大半にとって、もっとも「大きな記憶」とは、実は68年つづいた「平和経験」だからだ。古市はこういうのである。

「僕たちは、戦争を知らない。そこから始めていくしかない。背伸びして国防の意義を語るのでもなく、安直な想像力を働かせて戦死者たちと自分を同一化するのでもなく、戦争を自分に都合よく解釈し直すのでもない。戦争を知らずに、平和な場所で生きてきた。そのことをまず、気負わずに肯定してあげればいい」

「戦争の記憶」を語ることが「平和」への道筋であると考えてきた、多くの人たちは、古市のこの発言を、不快に、あるいは疑問に思うだろうか。

本書の最後で、古市は、若いアイドルグループ、ももいろクローバーZと「戦争」について話す。まず、古市は、「ももクロ」に「あの戦争」に関する質問をする。彼女たちは、うまく答えられない。たとえば、終戦を迎えた年を「1975年」と答える子、「都市の小学生が空しゅうをさけるために、地方に移り住んだこと」を「過疎化」と呼ぶ子。でも、彼女たちは「戦争は嫌だ」というのだ。

「ももクロ」は、論壇誌に書いている人たちが持っているような常識は持たない。けれど、彼女たちの「無知」にこそ、希望があるのだ、と古市は考える。

そして、「cocoon」の舞台の上の少女たちのことば、身体、感受性は、「ももクロ」と遠くはないのである。

『敗北を抱きしめて』の著者ジョン・ダワーは新刊『忘却のしかた、記憶のしかた』で、過去から学びとることとの困難さをテーマにした〈4〉。その中で、ダワーは、ある日本の保守主義者の書いたものに触れた。その人は、「日本が他国に侵略されたら祖国を守るか、と聞かれた日本の若者のうち、『はい』と答えたのは一〇%だった」とし、愛国主義的でなくなった日本の若者を強く批判した。だが、ぼくには、問いそのものが古めかしく感じられた。そして、そこで批判されている若者は、「cocoon」の少女や「ももクロ」とよく似ている。

「戦後」という時代は、「戦争の体験」を持つ人たちが作り出した。だとするなら、その後に来るのは、受け売りの「戦争の体験」ではなく、自分の、かけがえのない「平和の体験」を持つ人たちが作る時代であるべきだ、という考え方に、ぼくは共感する。

1985年、当時の西ドイツ大統領、ヴァイツゼッカーは「荒れ野の40年」と名づけられた、終戦40周年の記念演説を行い、最後に、「40年」の意味を旧約聖書から引いている〈5〉。

「士師記には、かつて身に受けた助け、救いは往々にして四十年の間しか心に刻んでおけなかった、と記されております。心に刻んでおくことがなくなったとき、太平は終りを告げたのです」

　ヴァイツゼッカーの懸念を、ぼくも共有する。「40年」という時間は確かに「忘却」を産むだろう。だが、新しい知恵も産みだせるのだ。（2013・8・29）

〈1〉マームとジプシー「cocoon」（作・演出＝藤田貴大）
〈2〉今日マチ子『cocoon』（秋田書店、2010年刊）
〈3〉古市憲寿『誰も戦争を教えてくれなかった』（講談社、2013年8月刊）
〈4〉ジョン・W・ダワー『忘却のしかた、記憶のしかた』（岩波書店、2013年8月刊）
〈5〉リヒャルト・フォン・ヴァイツゼッカー『新版・荒れ野の40年』（岩波ブックレット、2009年刊）

甘えているわけじゃない

最初に個人的なことを少し書く。

事情があって、20代前半とそれから60歳前後（つまり最近）の二度、始めからみっちり、子育てをすることになった。哺乳瓶でミルクを飲ませ、オムツを取り換え（昔は紙オムツがなかったので洗濯がたいへん）、寝かしつけ、保育園と往復する日々だった。仕事もしていたのでてんてこ舞いだ。何年もまともに寝る時間なんてなかった。

たくさんの保育園に通った。公立・私立の認可保育園、無認可のもの、ぼく以外はほぼ全員風俗業のお母さんが通っている24時間保育のところ。

忘れられない光景がある。ぎりぎりまで働いて子どもを迎えに行くので、保育園に着くのは延長保育のリミットあたり。だから、毎日、近くの駅から走った。すると、たいていすぐ近くに、一緒に走っているお母さんがいるのである。2、3分遅れても文句はいわれないだろう。でも走るのだ。汗で化粧がはげ落ち、目にうっすら涙の気配。

「子どもが待っていますので」とはなかなかいえず、まるで罪人みたいに申し訳なさそうに会社を出たこと、子どもが誰もいなくなった部屋でひとりで待っているのではないかと思うと胸が締めつけられそうになること、こんなことなら働くんじゃなかったとつい思ってしまうこと、それらが胸の中で渦巻いているのだ、とぼくにはわかった。なぜなら、ぼくもそう感じていたから（とりわけ、小さな土建会社で働いていた20代の頃は）。

曽野綾子という人が週刊誌で「出産したら女性は会社をお辞めなさい」という旨の発言をして、物議を醸した〈1〉。曽野さんは「産休」のような「女性をめぐる制度」は会社にとって「迷惑千万」だと否定していた。そして、そういう制度を利用する女性は「自分本位で、自分の行動がどれほど他者に迷惑をかけているのかに気がつかない人」だというのだ。

ぼくはそれを読んで、そんなのウソだよと思った。だって、ぼくの知っている働くお母さんたちはみんな、悲しいぐらい一生懸命、会社や周りに「迷惑をかけない」ようにしていたからだ。どうして、もっと権利を主張しないのだろうと思っていたからだ。曽野さんはぼくとは違う世界に住んでいるのだろうか。

曽野さんの発言は、単に、働く女性へのバッシングではなく、すぐに「婦人公論」で上野千鶴子が指摘したように「セクハラ、パワハラ、マタハラと、職場にタブーがどんどん増えて、男が好き勝手できなくなっちゃった。そんなの俺たちイヤだよう」という、潜在する（一部の）男性の考えを、代弁したものに思える〈2〉。だが、もっと深刻な問題は、曽野さんのことば（と、それを含めた週刊誌の一連の報道）が、いまこの国で噴き上がっているヘイトスピーチと同じ本質を持っていることだ。

前掲誌で、上野さんは「このやりかたは、生活保護不正受給バッシングとまったく同じ」といった。高橋秀実は「どんな制度でも悪用したり、甘える人はいるものです。だからといってその制度自体が悪いわけではありません」と書いた〈3〉。在日、生活保護受給者、公務員、等々。彼らへの糾弾は、その中の少数の「違反」者を取り出し、まるで全員に問題があるかの如《ごと》く装ってなされる。そこでは、彼らの「特権」（があることになっている）が怨嗟《えんさ》の的となり、やがて、およそ権利というものを主張すること自体が敵視されることになるんだ。

こんなヘイトスピーチやバッシングを行う当事者の多くが、実は、社会的な弱者に分類される人たちであることはよく知られている。妬《ねた》ましいのだ。すぐ近くの誰かが、自分より恵まれている（らしい）のが。悲しいことだが、彼らの気持ちは理解できないことはない。でも、曽野さんのような恵まれた立場の人が、後輩である若い、働く母親たちを後ろから撃つような真似《まね》をすることは、ぼくには理解できない。

「現代思想」の特集は「婚活のリアル」〈4〉。「婚活」とは「結婚を目標として積極的に活動すること」、それはもはや、特殊な出来事ではなくなった。

竹信三恵子・大内裕和の対談〈5〉では「九五年から〇五年の一〇年間で非正社員が五九〇万人増えて、正社員が四四六万人減」り、「二〇歳から六四歳の単身女性の三人に一人が貧困ライン以下」、「一旦《いったん》仕事を辞めたあと年収三〇〇万円以上の仕事に再就職できる女性は、わずか一割前後」、「年収三〇〇万円未満が非正規雇用労働者の九割以上」といった衝撃的な数字が並び、それにもかかわらず、まるで「万世一系」のように「男は外、女は内」という「普通」の「家族モデル」が生き延びている、と指摘している。

それどころか、石田光規〈6〉が書くように、経済的条件は劇的に悪化しているのにもかかわらず、かえって「昔ながら」の家族像を求める人々も増えている。そして、赤石千衣子〈7〉が嘆くように、「普通」ではない生き方を選んだ「非婚の母」は、社会から排除されてゆくのである。

この特集では主として、「結婚」を目指す若い女性が立ち向かわざるを得ない困難な状況が分析されている。けれど、彼女たちの不幸は、その相手となる男性の不幸でもあり、そして、この社会全体の不幸であることを忘れてはならない。

2013・9・26

〈1〉曽野綾子「私の違和感　セクハラ・パワハラ・マタハラ　何でも会社のせいにする甘った

れた女子社員たちへ」（「週刊現代」2013年8月31日号）
〈2〉上野千鶴子「女どうしを闘わせて男はいつも高みの見物」（「婦人公論」2013年10月7日号）
〈3〉高橋秀実「『あなたは誰から生まれたの？』 妻の囁《ささや》きが社会を変える」（同）
〈4〉特集「婚活のリアル」（「現代思想」2013年9月号）
〈5〉竹信三恵子・大内裕和　対談「『全身婚活』では乗り切れない」（同）
〈6〉石田光規「婚活の商人と承認との不適切な関係」（同）
〈7〉赤石千衣子「婚こんいつまで婚からこん」（同）

あるひとりの女性のことば

なぜか美しいと思い、体が震えた。

何年も前の国際児童図書の大会で、ある女性が基調講演を行った。わたしは、それを偶然読み、自分の中でなにかが強く揺り動かされるのを感じた。

彼女は、自らの個人的な、戦争と疎開の不安な経験について、それから、時に子どもたちが感じなければならない「悲しみ」や「絶望」について語った。中でも、わたしの記憶に焼きついたのは、次のことばだった。

「読書は、人生の全てが、決して単純でないことを教えてくれました。私たちは、複雑さに耐えて生きていかなければならないということ。人と人との関係においても。国と国との関係においても」〈1〉

以来、わたしは、彼女が書くもの、彼女の語ることばを、探すようになった。彼女とは、美智子皇后である。

今月、79度目の誕生日を迎えた皇后陛下が、「この1年、印象に残った出来事やご感想を」という宮内記者会の質問に対して回答を寄せている〈2〉。

他を圧して長かったのは、憲法に関する部分だった。「今年は憲法をめぐり、例年に増して盛んな論議が取り交わされていたように感じます」とした後、皇后は「五日市憲法草案」についての思いを吐露されている。

明治憲法の公布に先立ち、数十もの憲法草案が民間で生まれた。現憲法に通じる「人権の尊重」や言論、信教の自由を強く訴えた「五日市憲法」は、忘却の淵《ふち》に沈んで後《のち》、起草からおよそ90年たって土蔵の中から発見された。

「近代日本の黎明《れいめい》期に生きた人々の、政治参加への強い意欲や、自国の未来にかけた熱い願いに触れ、深い感銘を覚えた」と書かれた後「長い鎖国を経た19世紀末の日本で、市井の人々の間に既に育っていた民権意識」と続くくだりで、わたしはことばにならない思いを感じた。

今回の皇后の「おことば」では、亡くなった親しい方々への哀悼もまた目立ったように思えた。

皇后は、「暮《くら》しの手帖《てちょう》」の共同創刊者・大橋鎮子、現憲法制定に深く関わったベアテ・ゴードン、岩波ホールの高野悦子といった人々の名をあげ、「私の少し前を歩いておられた方々を失い、改めてその御生涯と、生き抜かれた時代を思っています」と書かれた。

その静謐《せいひつ》なことばに接しながら、わたしは、「暮しの手帖」のもうひとりの創刊者、花森安治の「ぼくらはもう一度、倉庫や物置きや机の引出《ひきだ》しの隅から、おしまげられたり、ねじれたりして錆《さ》びついている〈民主々義〉を探しだしてきて、錆びをおとし、部品を集め、しっかり組み立てる。民主々義の〈民〉は庶民の民だ。ぼくらの暮しをなによりも第一にするということだ」ということばを思い出した〈3〉。また、ベアテ・ゴードンが提出し、ついに日の目を見ることがなかった、世界でもっとも進んだ「女性の人権」条項を脳裏に浮かべた。あるいは、高野悦子の「どんなによくできた映画でも、戦争を賛美するものや、暴力的なものには心が動かない」ということばもまた〈4〉。

追悼のことばの後段には、「陛下とご一緒に沖縄につき沢山《たくさん》のお教えを頂いた」として沖縄学の泰斗、外間守善の名前があった。外間守善は、沖縄戦最大の激戦地・前田高地から奇跡的に生き延び、あの戦争の意味を生涯問い続けた。外間の晩年のことばも忘れられない。

「私の体に食い込んだ弾や石の破片はおよそ十年の歳月をかけて取り出された。手術によるものもあるにはあったが、多くは身体が毒を吐くように異物を皮膚の外へ押し出していった。風呂場で身体を洗いながらポロリとそれが転がり出る度に、私は前田高地を思い出

していた」〈5〉
今月も「論壇」には、いくつもの優れた思索、論考、ことばを見つけることができた。「文藝春秋」の「日中韓米　知識人大論争」〈6〉は、どのように思想的立場が異なっても、直《じか》に向き合うなら、対話の可能性があることを（参加者の意図とは別に）証明しているように思えた。また、「新潮45」に続いて掲載された藻谷浩介の対談〈7〉は、この国の未来について優れたアドバイスを提供してくれた。「ＰＯＳＳＥ」〈8〉や「Ｊｏｕｒｎａｌｉｓｍ」〈9〉の特集も充実していた。にもかかわらず、それらを差し置いて皇后のことばを大きく取り上げたのには理由がある。
「論壇」は、政治や社会について考え、語り、時には批判し合うところだ。それは、この世界で生きてゆかねばならないわたしたちにとって無縁であるはずがない。なのに、わたしたちは、時々、そこで使われることばが、あるいは、ジャーナリズムで使われることばが、どれほど真摯《しんし》なものであっても、自分たちとは無関係であるように感じる。自分たちとは「遠い」ところで、話されているように感じるのである。
わたしは、皇后のことばを読み、それから、そこで取りあげられた人たちのことばを、懐かしく振り返り、彼らのことばには一つの大きな特徴があるように思った。彼らは、「社会の問題」を「自分の問題」として考え、そして、それを「自分のことば」で伝えることができる人たちだった。そして、そのようなことばだけが、遠くまで届くのである。

２０１３・10・31

〈１〉皇后美智子さま「国際児童図書評議会（ＩＢＢＹ）ニューデリー大会基調講演」（http://www.kunaicho.go.jp/okotoba/01/ibby/koen-h10sk-newdelhi.html　１９９８年）

〈２〉同「宮内記者会の質問に対する文書ご回答」（http://www.kunaicho.go.jp/okotoba/01/kaiken/gokaito-h25sk.html）

〈３〉花森安治『一戔《いっせん》五厘の旗』（暮しの手帖社、１９７１年刊）

〈４〉高野悦子『母　老いに負けなかった人生』（文藝春秋、２０００年刊、岩波現代文庫版、２０１３年1月刊）

〈５〉外間守善『私の沖縄戦記』（角川学芸出版、２００６年刊、角川ソフィア文庫版、２０１２年4月刊）

〈６〉司会・宮崎哲弥「日中韓米　知識人大論争」（「文藝春秋」２０１３年11月号）

〈７〉藻谷浩介・嶋田哲夫の対談（「新潮45」11月号）/同・山田桂一郎の対談（同10月号）

〈８〉特集「安倍政権はブラック企業を止められるか?」（「ＰＯＳＳＥ」20号）

〈９〉特集「憲法改正とメディア」（「Ｊｏｕｒｎａｌｉｓｍ」２０１３年10月号）

「考えないこと」こそが罪

33年前、モデルの女子大生を主人公にして、田中康夫が書いたデビュー小説『なんとなく、クリスタル』は、本文とは別に442個の注をつけて、世間を騒然とさせた〈1〉。だが、その評価は、流行のファッションや音楽にばかり目を向けた、軽薄な若者向けの作品、というものが大半だったと思う。わたしは、小説に潜む鋭い批評性に深い感銘を受け、そのことを書いた。もしかしたら、自分を「炯眼《けいがん》」と思いこんでいたのかもしれない。だが、実のところ、なにもわかってはいなかったのだ。

後年、作者は、自分がいちばん読んでもらいたかったところに誰も気づいてはくれなかった、と述懐している。

その部分とは、小説の最後、本文が終わった後にある「出生力動向に関する特別委員会報告」と「五十五年版厚生白書」だ。そこでは、「将来人口の漸減化」と「高齢化した社会」の到来が不気味に予言されている。はかなくも美しい、都会の物語は、はるか未来の

「暗闇」を前にして、より一層、輝きを増していたように、いまは思う。

では、なぜ、当時は誰もそのことを指摘しなかったのか。

そこで予言されていた「暗い未来」は、とりあえずは、自分たちとは関係のないものに思えたからだろう。「楽しい現在」に酔いしれていたのは、登場人物ではなく、それを批判した「世間」の方だったのかもしれない。

「中央公論」12月号の特集は「壊死《えし》する地方都市」。増田寛也が加わった論文〈2〉と対談〈3〉を読んでいると、誰もが暗澹《あんたん》とした思いにかられるだろう。

いまや「人口減少」について指摘し、「高齢化」を憂える風景は、どこでも見ることができる。けれど、差し迫った現実は、想像よりもずっと恐ろしい。

「地方が消滅する時代がやってくる。人口減少の大波は、まず地方の小規模自治体を襲い、その後、地方全体に急速に広がり、最後は凄《すさ》まじい勢いで都市部をも飲み込んでいく」〈2〉

地方から若者たちが流出していることは誰でも知っている。残された高齢者たちの絶対数もまた減り、そのことで地方の経済はさらに苦しくなり、若者たちの大都市への流入は加速する。だが、都市に若者たちを受け入れる能力は、もうなく、「使い捨て」られる若者たちには子どもを生み育てる余裕がないのである。

かくして「本来、田舎で子育てすべき人たちを吸い寄せて地方を消滅させるだけでなく、集まった人たちに子どもを産ませず、結果的に国全体の人口をひたすら減少させていく」。そのことを増田は、「人口のブラックホール現象」と名づけた〈3〉。

推計によれば、100年後、この国の人口は3分の1になり、高齢人口は40%を超える〈2〉。いや、それすら希望的な数字なのかもしれないのだが。

どうすればいいのか。増田との対話で藻谷浩介は、地方に「去る」若者にかすかな希望を託して、こういう。

「私には二人の息子がいるのですが、大学を出て大企業に入って残業続き、という人生を歩んでほしくはない。子孫も残せず、消費されるだけの一生よりも、田舎に行って年収二〇〇万円ぐらいで農業をやっているほうが、よほど幸せだと思うのです」〈3〉

消滅の危機に瀕《ひん》する地方も、手をこまねいているわけではない。わたしの愛読している「季刊地域」は、追い詰められた農民たちが、政府に頼らず、自らの手で「防衛・反転」する姿を克明に描いている〈4〉。熊本県山都町にある水増《みずまさり》集落では「子どもたちが帰ってこられるむら」を作るため、地元の小さな企業と組んでメガソーラー発電を始めようとしている。

置き去りにされた地方から、若者たちに向かって差し出される手があるのだ。

もう一つ、「Journalism」の「ヘイトスピーチ」に関する大きな特集にも、大切なことが書かれていると感じた。

座談会〈5〉の出席者たちは、いわゆる「在特会」の「朝鮮人は死ね」といったヘイトスピーチの主張に、かつてハンナ・アーレントがユダヤ人虐殺の中心人物であったアイヒマンについて語った「凡庸な悪」を見いだす。そして、深みのない「凡庸な悪」であるからこそ、底無しに広がってゆく可能性があると指摘している。彼らは特殊なのではない。わたしたちの社会の中に、彼らの考えに同調する素地があるのだ、と。

だが、その「凡庸な悪」に染まり、世界を滅ぼそうとしているのは、「在特会」とそれを支持している人たちだけなのだろうか。

アーレントは、アイヒマン裁判を傍聴し、彼の罪は「考えない」ことにあると結論づけた。彼は虐殺を知りながら、それが自分の仕事であるからと、それ以上のことを考えようとはしなかった。そこでは、「考えない」ことこそが罪なのである。

わたしたちは、原子力発電の意味について、あるいは、高齢化や人口減少について考えていただろうか。そこになにか問題があることに薄々気づきながら、日々の暮らしに目を奪われ、それがどんな未来に繋《つな》がるのかを「考えない」でいたのではないだろうか。だとするなら、わたしたちもまた「凡庸な悪」の担い手のひとりなのかもしれないのだ。

2013・11・28

〈1〉田中康夫『新装版　なんとなく、クリスタル』（1980年発表、新装版の河出文庫が2013年11月刊行）

〈2〉増田寛也＋人口減少問題研究会「2040年、地方消滅。『極点社会』が到来する」（「中央公論」2013年12月号）

〈3〉藻谷浩介・増田寛也　対談「やがて東京も収縮し、日本は破綻する」（同）

〈4〉特集「農家・農村は、企業とどうつきあうか」（「季刊地域」15号、農山漁村文化協会）

〈5〉有田芳生・安田浩一・五野井郁夫　座談会「差別の言葉をまき散らして憎悪をかき立てる『凡庸な悪』と社会はどう向き合うべきか」（「Journalism」2013年11月号）

DV国家に生まれて

ある若者が、デモに行くという友人と、その後で映画を見ようと約束した。その若者が、友人が交じったデモ隊の列と並んで歩道を歩いていた時、突然、私服警官に逮捕された。理由は公務執行妨害だったが、若者にはまったく覚えがなかった。後に若者は検察官から「きみが威圧的態度をとり、警官は恐怖を感じたからだ」といわれた。そういえば、私服警官らしい人間と目があったことは思い出したが、それが公務執行妨害にあたるとは夢にも思わなかった。

留置場に入った若者は、そこで、1年近く裁判も始まらずただ留め置かれているという窃盗犯に出会った。貧困から何度も窃盗を繰り返した男は、1件ずつゆっくり起訴されていた。警察・検察の裁量によって、裁判が始まる前に、実質的には刑罰の執行が行われていたのだ。

「それって、人権侵害じゃないの」と若者がいうと「わからない。法律なんか読んだことがない」と男はいった。若者と男の話を聞きとがめた看守が、房の外から、バケツで2人に水をかけた。

「うるさい黙れ、犯罪者には人権なんかないんだ」

極寒の房内は室温が氷点下にまで下がっていた。濡《ぬ》れた体を震わせながら、若者は、犯罪者の人権が軽んじられる国では、人権そのものが軽んじられるだろうと考えていた。それは、本や理論で学んだ考えではなく、経験が彼に教えたものだった。その若者が半世紀近くたって、いまこの論壇時評を書いている。

秘密の内容や罰則適用について拡大解釈が危惧されている「特定秘密保護法」が、強い反対の下、可決・成立した。この法律の問題点については、多くのメディアが詳細に論じている。たとえば、秘密情報の専門家として佐藤優〈1〉は、特定秘密に該当する情報は国民のものではなく官僚のものになる、と警告し、外岡秀俊〈2〉は秘密保全に関する法の歴史をたどり直す。

この法案に反対する約2千人の学者たちの代表が記者会見を行った、その映像をユーチューブで見ることができる。中でも、わたしは、平田オリザのこんなことばに強い印象を受けた〈3〉。

「最近、わたしは大阪のある行政職員から封書をいただきました。なぜ封書かというと、大阪の職員は、メールは検閲される可能性があると、萎縮してしまっているのです。……このいやな感じは、東京にいるとわからないと思います。（特定秘密法の成立とは）それが国政で当たり前になるということです」

維新の会の政治家がトップを務める大阪の状況は、この法案とは、厳密にいうなら関係がない。けれども、平田は関係がある、と示唆するのである。

今年になって目立ったのは、様々な社会的「弱者」がバッシングを受けたこと、「従軍慰安婦は戦争につきもの」という政治家や、「子どもが生まれたら会社を辞めろ」という女性評論家が現れたこと、そして、新しい政権が、強硬な政策を次々と打ち出し、対話ではなく力でその政策の実現を図ろうとしていることだった。さらに不思議なのは、力を誇示する政治家たちが、同時に力とはおよそ正反対な「愛（国心）」ということばを叫ぶことだった。

誤解を恐れずにいうなら、わたしには、この国の政治が、パートナーに暴力をふるう、いわゆるＤＶ（ドメスティック・バイオレンス）の加害者に酷似しつつあるように思える。彼らは、パートナーを「力」で支配し、経済的な自立を邪魔し、それにもかかわらず自らを「愛する」よう命令するのである。

平田が紹介した大阪職員は、「外部への発信」が「パートナー」に知られることを極度に恐れている。それは、DVでもっとも典型的な症候に他ならない。

わたしは、いま毎日、「特定秘密法」全文〈4〉と、「国家安全保障と情報への権利に関する国際原則」（通称「ツワネ原則」）の（膨大な）英和対訳全文〈5〉を持ち歩き、しょっちゅう読んでいる。妙な言い方だが、とても面白い。

前者で特徴的なのは、そこで使われている日本語が奇妙であることだ。いわゆる法律用語で書かれた文章のいくつかはまったく意味がわからない。

詳しい人たちの話を聞くと、通常の日本語では考えられないような意味になったりするらしい〈6〉。日本語でないとしたら、それは何語なのだろう。ほとんどの日本人に意味がとれないことばで書かれた「重要」法案とは何なのだろう。

一方、国家の安全保障と情報の権利に関して、長い討議の果てにできた「ツワネ原則」は、全ての人間に「公権力が保有する情報」にアクセスする権利があることを、民主主義社会の根幹であるとしていて、知る権利の価値を軽んじる「特定秘密法」の考え方と鋭く対立する。だが、「原則」で、わたしがもっとも感銘を受けたのは、「わかる」ことだ。およそ、ことばを理解することができる者なら誰でもわかるように「原則」は書かれている。「ツワネ原則」（の文章）は読むものすべての心を明るく、励ます。

DV被害者へのアドバイスの多くは、こんな一文で終わっている。わたしがいま書くべきことは、実はそれと同じなのかもしれない。

……自分を責めてはならない。明るく、前向きな気持ちでいることだけが、この状況から抜け出す力を与えてくれるのである。２０１３・12・19

〈1〉佐藤優「特定秘密保護法と統帥権」（「創」２０１４年1月号）
〈2〉外岡秀俊「秘密保全の法律がいかに濫用《らんよう》されたか　現実を直視しよう」（「Ｊｏｕｒｎａｌｉｓｍ」２０１３年12月号）
〈3〉平田オリザの発言が含まれた動画「特定秘密保護法案・2千人超の学者が廃案を要求」（http://www.youtube.com/watch?v=yBOBvrytChM　２０１３年12月3日）
〈4〉特定秘密法・全文（「朝日新聞」２０１３年12月8日付、ネット記事はhttp://www.asahi.com/articles/TKY201312070583.html）
〈5〉日弁連による「ツワネ原則」の全文日本語訳（http://www.nichibenren.or.jp/activity/document/statement/year/2013/131115.html）
〈6〉たとえば、おがた林太郎「テロリズムの定義」（http://rinta.jp/blog/entry-11717401429.html　２０１３年12月3日）

ぼくたちはみんな忘れてしまうね

安倍晋三総理大臣が去年の暮れ、現役総理としては7年ぶりに靖国を参拝し、大きな波紋を呼んだ。それから、ほんの少し前、新たにNHKの会長になった人が、「従軍慰安婦はどこの国にもあった。解決した話なのに、韓国はなぜ蒸し返すのか」と発言し〈1〉、これもまた大きな問題になろうとしている。

だが、わたしにとって、もっと大きな出来事は、1月12日深夜、テレビで、監督大島渚の半ば伝説と化したドキュメンタリー「忘れられた皇軍」〈2〉が半世紀ぶりに、放映されたことだった。

その夜、テレビの画面を見た人たちは、半世紀前と同じように、目をそむけるか、あるいは、視線を釘付けにされたかのいずれかだったろう。

そこに登場していたのは「元日本軍在日韓国人傷痍《しょうい》軍人会」の12人だ。日本の軍人として戦った彼らは、戦争によって手や足や視力を失った。なのに、戦後、韓国籍になった彼らには、軍人としての恩給は支給されなかった。日本政府に訴える彼らに政府は「あなたたちは韓国人だから韓国政府に陳情せよ」といい、韓国政府に訴える彼らに政府は「その傷は日本のために受けたものだから日本政府に要求せよ」という。だから、彼らは、その無残な体を見せつけるように、街頭に現れ、日本人に直接訴えたのだ。

「眼《め》なし、手足なし、職なし、補償なし」という旗をかかげ、募金をつのる異形《いぎょう》の者たちに、戦後18年、急激に復興しつつあったこの国の人たちが向ける視線は冷ややかだ。つかの間の慰安を求めて、安い酒を飲んでも、彼らの口をついて出るのは日本の軍歌だった。

番組の後段、片手と両眼を失った元日本人軍属、ジョ・ラクゲンは自らサングラスをとる。国家と歴史に翻弄《ほんろう》された男の、潰れた眼から涙がこぼれる。

彼がもし戦死していれば、靖国に「英霊」として祀《まつ》られただろう。だが、生き残った者には金を払わないのである。

最後にナレーションは、ほとんど叫ぶようにこういう。

「日本人たちよ、わたしたちよ、これでいいのだろうか？　これでいいのだろうか？」

その問いは、この半世紀の間に答えられたのか。問題は、すべて「解決済み」なのだろうか。

「ニューズウィーク日本版」が繰り返し載せた「靖国」に関する論考〈3〉からは、内向きで感情的な議論になりがちな、この問題を、冷静にとらえようとする「外側の視線」が感じられた。

「劇場化する靖国問題」の筆者たちは「今の日本には『2つの靖国』が存在している」と書く〈4〉。それは、「中国と韓国がむき出しの感情をぶつけ、結果的に外交の道具と化した『ヤスクニ』」、そして「外国からの批判に惑わされ、日本人自身が見失ってしまった慰霊の場としての靖国」だ。

それぞれの国内事情から「ヤスクニ」を外交カードとして使わなければならない中国や韓国、また、それに対抗するうちに、「慰霊」の場としての靖国を忘れそうなこの国。

日本遺族会会長であり、父をソロモン沖で失った尾辻秀久参院議員は「苦い思いをかみしめ」ながら、この混乱は、日本人が自らの過去と向かい合ってこなかったツケだ、という。合祀《ごうし》されたA級戦犯たちの問題がいつまでもくすぶり続けるのは、日本人自身の手で彼らの責任を問わなかったからではないか、と〈5〉。

わたしの親しい週刊誌記者が、ある時、「嫌韓」や「反中」記事なんか書きたくないが、売れるから仕方ないといったことがあった。だが、メディアには、冷静さを取り戻そうとする動きもある。

「週刊現代」の特集は「『嫌中』『憎韓』『反日』 何でお互いそんなにムキになるのか?」

〈6〉。「憎しみの連鎖」が続く現状を「常軌を逸している」とし、それぞれの国の事情を取材しつつ、日本人の根底にある「差別意識」に触れる。

「憎しみに気をとられるな」という声が聞こえる。社会に溢《あふ》れる「憎しみ」のことばは、問題を解決できない社会が、その失敗を隠すための必須の品なのだ。

最後に、わたしの個人的な「靖国」について書いておきたい。

父親のふたりの兄はアッツ島とルソン島でそれぞれ「玉砕」している。大阪に住んでいた祖母は、上京すると靖国に詣でるのが習慣だった。そんな祖母に、わたしの父親はこういって、いつも喧嘩《けんか》になった。

「下の兄さんの霊が、靖国になんかおるもんか。あんだけフランスが好きだったんや、いるとしたらパリやな」

では、その、わたしの伯父は「英霊」となって靖国にいるのだろうか、それとも、パリの空の下にいるのだろうか。

父は、兄たちが玉砕したとされる日になると、部屋にこもり、瞑目《めいもく》した。それが、父の追悼の姿勢だった。もちろん、父は祖母の靖国行きを止めることもなかった。「忘れられた皇軍」兵士、ジョ・ラクゲンは父と同い年だ。

伯父の霊は、靖国にもパリにもいないような気がする。「彼」がいる場所があるとしたら、祖母や父の記憶の中ではなかっただろうか。その、懐かしい記憶の中では、伯父は永遠に若いままだったのだ。「公」が指定する場所ではなく、社会の喧噪《けんそう》から遠く離れた、個人のかけがえのない記憶こそ、死者を追悼できる唯一の場所ではないか、とわたしは考えるのである。

〈1〉籾井勝人《もみいかつと》NHK新会長の発言（記事「従軍慰安婦『どこの国にも』」＝「朝日新聞」2014年1月26日付）2014・1・30

〈2〉大島渚監督「忘れられた皇軍」（日本テレビ・ノンフィクション劇場＝1963年放送）

〈3〉「靖国参拝はお粗末な大誤算」（「ニューズウィーク日本版」2014年1月14日号）、特集「劇場化する靖国問題」（同1月28日号）

〈4〉前川祐輔・深田政彦「劇場化する靖国問題」（同1月28日号）

〈5〉尾辻秀久参院議員の発言（記事〈4〉で紹介されたもの）

〈6〉特集『嫌中』『憎韓』『反日』何でお互いそんなにムキになるのか？」（「週刊現代」2014年1月25日・2月1日合併号）

新しい「物語」はまだ

テレビをつけた。最後に滑り終わったフィギュアスケートのキム・ヨナ選手が、結果を待っているシーンだった。銀メダルなのがわかった瞬間、落胆の表情を浮かべる周囲の関係者と異なり、この試合で引退を表明しているという彼女は安堵《あんど》の微笑《ほほえ》みを浮かべたように見えた。

その後、わたしは、彼女の口から洩《も》れることばを追った。採点に不満はないのかと問いかけた自国のメディアに、彼女は「(以前も) わたしより周りの人びとが熱くなっていた……何の未練もない」といい、またライバルとして浅田真央の名をあげた。

「浅田は日本で、私は韓国で最も注目を浴びたフィギュア選手という共通点がある。その選手の心情を私も理解できると思う。浅田が泣きそうなときは、私もこみ上げてくる」〈1〉

オリンピックは、単なるスポーツの祭典ではなく、「愛国」という「物語」がもっとも活躍する場所の一つでもある。そんな場所で長く活躍する人間には、どんな思いがあるだろう。

もちろん、わたしにはスポーツ選手の気持ちはわからない。けれども、フィギュアの評価の基準に、かつては「芸術点」と呼ばれたものがあることは知っている。芸術には「物語」がつきまとうが、その作り手は違う。ただひとり現場で、「美」に立ち向かう芸術家（選手）にとって、「物語」は不要だ。そのことを真に理解できるのは、同じ道を歩んだ者だけだ、といいたかったのだろうか。

「物語」はある者にとっては支えになり、別のある者にとっては強い拘束にもなる。キム・ヨナのことばには、その恐ろしさを知った者の感慨が溢《あふ》れているように思えた。

「現代のベートーベン」とされた男の作品の殆《ほとん》どは、別の現代音楽の作曲家の作品だった。その作品がクラシック曲としては異例の売り上げとなったのは、「被爆二世で全聾《ろう》の天才音楽家」という「物語」が付帯していたからだったのかもしれない。

ピアニストの森下唯はブログで「より正しい物語を得た音楽はより幸せである」と題して、こんなことを書いている〈2〉。……私は、純粋に（どんな付帯情報もなく）音楽を聴くことは不可能だし、そんなことを目指す必要もないと考えている。「彼」の「作品」は、薄ら寒い「物語」を背負っているにもかかわらず、丹精込めた「工芸品」のように聴こえ、初めは違和を感じていた。事実が明らかになった後、感じたのは、ふだん報われることのない現代音楽作曲家が、ある拘束の中で、想像力を解き放ったという「より正しい物語」の中でこそ、よりよくその曲を理解できるということだった……。

わたしたちは、たくさんの「物語」に囲まれて生きている。そのこと自体は、良いことでも悪いことでもない。「良き物語」と「悪《あ》しき物語」が、あるいは、人を助ける「物語」と人を傷つける「物語」があるだけだ。

都知事選が終わり「脱原発派」もしくは「リベラル」と呼ばれる候補2人が敗れ、「極右」とも目された候補が大きく得票を伸ばした。とりわけ、若者と呼ばれる層の得票が多かったとされたことに衝撃を受けた人も多かっただろう。いったい、何が起こったのか。

宇野常寛は「リベラル勢力は自分たちの言葉が届かない若い層がこれだけいるということを軽視してはいけない」として、こう言っている。

「現実に東アジア情勢」が「緊迫し」ている中、「リベラル勢力は数十年前から更新されない言葉で教条的かつ精神論的な憲法9条擁護論を繰り返すだけで、現実に存在する国民の不安に対応しようとしな」かったのだ、と〈3〉。

「脱原発」を掲げて都知事選に出馬した細川護熙は、インタビューに答え、脱原発は単なるエネルギー問題ではなく、文明史的意味合いがあるとした〈4〉。それは、おそらく

「正しい」のだろう。そして、彼のいうように、いまこそ、生活スタイルを「多消費型から共存型へ」変えてゆく必要もあるのだろう。だが、その彼のことば、あるいは「物語」は、残念なことに、多くの人たち、とりわけ、若い人たちには届かなかった。中島岳志が指摘しているように、それは、「決定的に時代の切実さから取り残されて」いたからなのかもしれない〈5〉。

リベラル勢力のことばが、いや「物語」が、人びとに届いていなかったとした宇野は、都知事選では、ネットを中心に活躍しているIT起業家、家入一真を支持した。その選挙にボランティアで参加した、ある若者が、その渦中で感じた「違和感」について書いている〈6〉。

「高齢者ばかりの候補者の中」に「彗星《すいせい》の如《ごと》く」家入候補が登場した時、彼は、「身体中に電流が走った」。誰かの決めた政策に「○か×か」で答えるのではなく「政策そのものをみんなで考える」という考えに、だ。だが、選挙活動を手伝いながら、彼は多くの疑問を感じる。候補はともかく、「風紀委員のような」「周囲の人たち」が「人間の心を動かすのは『ロジック（正しさ）』ではなく『エモーション（楽しさ）』」であることを知らないように感じたからだ。

不気味に広がる、他者を排撃する「物語」。それに対抗すべき新しい「物語」は、自ら

の中になお残る古い「物語」と、決別し得ていないのである。２０１４・２・27

〈１〉キム・ヨナ会見（聯合《れんごう》ニュース、http://japanese.yonhapnews.co.kr/headline/2014/02/21/020000000AJP20140221003800882.HTML　２０１４年２月21日）
〈２〉森下唯「より正しい物語を得た音楽はより幸せである」（http://www.morishitayui.jp/samuragochi-niigaki/　２０１４年２月７日）
〈３〉宇野常寛「若者に届かぬリベラル」（「朝日新聞」２０１４年２月12日付文化面）
〈４〉細川護熙「私はなぜ火中の栗を拾ったのか」（「文藝春秋」２０１４年３月号）
〈５〉中島岳志「細川護熙の功罪」（「週刊金曜日」２０１４年２月14日号）
〈６〉坂爪圭吾「家入さんの選挙ボランティアに参加して感じた３つの違和感」（http://ibaya.hatenablog.com/entry/2014/02/06/043957　２０１４年２月６日）

新しい幸福の形はどこにあるのか

わたしの父は、晩年、祖母や姉妹がすべて亡くなっていた実家に戻り、ひとりで暮らしていた。父は二度癌《がん》になり、最後にまた再発して入院した。それから少しして、病院の近くの、小さな中華料理屋に、わたしは弟と共に呼び出された。死後の始末に関する依頼だった。話し終わると、父は「肩の荷が下りた。もう思い残すことはなにもない」といった。それから2カ月後、父は亡くなった。突然のことで、その瞬間に立ち会った者はいなかった。

通夜の席で、遺品を整理した弟から、1冊の大学ノートを手渡された。ノートは亡くなる2日前まで書かれていた。最後のページに、父が生涯で付き合ったと思われる十数人の女性の名前が列挙されていた。そこには、父が青春を過ごした中国・旧満州の女性の名もあった。それは「ひとり」になった故に記すことができた秘めやかな思い出かもしれなかった。

雑誌「週刊東洋経済」は、4週にわたり、大規模な特集「高齢ニッポンを考える」を組んだ。4回分のタイトルは順に、「70歳まで働く」〈1〉、「人口減少の真実」〈2〉、「ひとりで生きる」〈3〉、「認知症を生きる」〈4〉。この特集は、わたしたちの社会の「今」を、これ以上はないほど恐ろしく鮮明に描いている。

「70歳まで働く」というより、年金支給開始年齢が遅くなることにより「70歳まで働かざるをえなくなる」という指摘。わたしたちが、長い間「ふつう」と思ってきた「夫婦子どもふたり」ではなく、もうすでに「単身世帯」こそ最多（標準世帯）である、という指摘。さらに、その傾向は急速に進み、2030年には「中高年男性の4人に1人が一人暮らし」となるだろう、という指摘。そして、その果てに待っているのが「認知症」であり、その患者と予備軍を合わせるなら約10年後には1千万人を超える、という指摘。どの一つをとっても、容易に解決することができない難問が、いくつもからみあって、加速度がつくように、この国は、「超高齢化社会」へと突き進んでいて、政府の施策は、その後を追うのが精いっぱいであるように見える。

だが、この特集では、不安と不満を募らせることよりも、そびえ立つ難問とどう立ち向かうかに焦点が置かれている。

たとえば、いま「認知症ケア」は、無能者を施設で管理する、という考えから、「認知症の人の行動には人間らしい理由が必ず潜んでいる。人格や人間性が失われる病気ではない」という考えへ移りつつある。家族だけではなく、医者が、介護士が、あるいは近隣の人たちが、見つめ、触れ、語りかけることで、「同じ人間の仲間である」と感じさせることで、「認知症」の進行を遅らせることも可能なのだ。それは、「高齢化」の中で、社会が見つけた、新しい形の「つながり」なのかもしれない。

都築響一の『独居老人スタイル』〈5〉に描かれている、「ひとりで生きる」老人たちの生活は、読む者を驚かす。半世紀近くも、ビル掃除の仕事で生活費を得て、誰にも見せず、誰からの影響も受けず、自分だけの絵を描き続けてきた人。閉館した映画館を再開の見こみもないままひとり、仕事のかたわらメンテナンスし続け、退職してからは、気の向いた時だけ上映会を行うようになった人。経済的には恵まれているといえない老人たちの暮らしは、不思議な幸福感に満ちている。都築は、こう書いている。

「そういうおじいさんやおばあさんは、だれもたいして裕福ではなかったけれど、小さな部屋で、若いときからずーっと好きだったものに埋もれて（それが本だろうがレコードだろうが、猫だろうがエロビデオだろうが）、仕事のストレスもなく、煩わしい人間関係もなく、もちろん将来への不安もなく――ようするに毎日をものすごく楽しそうに暮らしてる、年齢だけちょっと多めの元気な若者なのだった」

都築の「年齢だけちょっと多めの元気な若者」が、最後に手に入れたのは「自由」だったのかもしれない。では、ほんものの「若者」たちは、なにを手にすることができるのだろうか。

マンガ「黒子のバスケ」関連の商品を撤去しなければ客に危害を加える、といった一連の脅迫事件の被告の意見陳述をネット上で全文読むことができる〈6〉。

家族の愛情も友人も仕事もなく、「生まれたときから罰を受けている」と感じてきた36歳の被告は、「自分が手に入れたくて手に入れられなかったもの」の象徴として「黒子のバスケ」を標的にした。けれども、彼は同時に、その怒りに正当性がないこともよく理解していて、自分に厳罰を与えるよう主張し、「自分のように人間関係も社会的地位もなく、失うものが何もないから罪を犯すことに心理的抵抗のない『無敵の人』が増えるだろう、と不気味に予言している。

「孤独」は、人をより「自由」にすることができる。けれども、同時に、それは、人を底知れぬ不安に突き落とすこともできる。都築の描く老人と、「黒子のバスケ」被告の間の差異は、どこから生まれたのだろう。

やがてやって来る社会で、わたしたちはみんな「ひとり」になっていくのかもしれない。そこで、わたしたちは、どんな新しい「幸福」の形を見つけることになるのか、いまのわ

たしには、わからないのである。２０１４・３・27

〈１〉特集「70歳まで働く」（「週刊東洋経済」２０１４年２月15日号）
〈２〉特集「人口減少の真実」（同２月22日号）
〈３〉特集「ひとりで生きる」（同３月１日号）
〈４〉特集「認知症を生きる」（同３月８日号）
〈５〉都築響一『独居老人スタイル』（筑摩書房、２０１３年12月刊）
〈６〉篠田博之編集長（月刊誌「創」）によるネットでの全文公開「『黒子のバスケ』脅迫事件の被告人意見陳述全文公開１」（http://bylines.news.yahoo.co.jp/shinodahiroyuki/20140315-00033576/）／「同２」（http://bylines.news.yahoo.co.jp/shinodahiroyuki/20140315-00033579/）

わたしたちは自ら望んで「駒」になろうとしているのかもしれない

定年より前に大学を辞める決断をしたわたしの同僚は、卒業式で、こんな挨拶《あいさつ》をした。彼は学生たちに慕われる良き教員だった。

「卒業おめでとうとはいえません。なぜなら、あなたたちは、これから向かう社会で、あなたたちを、使い捨てできる便利な駒としか考えない者たちに数多く出会うからです。あなたたちは苦しみ、もがくでしょう。だから、そこでも生きていける智恵《ちえ》をあなたたちに教えてきたつもりです」

卒業生たちは静かに、食い入るように彼の顔を見つめて聴いていた。同じ機会を得たら、わたしも同じことをいっただろうか。

雑誌「POSSE」の座談会で、大内裕和は、平均的な大学で、学生たちの様子を見守ってきた一教員として、一見ささいに見える、こんなエピソードを紹介している〈1〉。

「多くの大学で起こっていることだと思いますが、ゼミの合宿やコンパを実施することがこの数年間とても難しくなっています。それは学生にアルバイトの予定が入っているからです。曜日固定制のバイトであればその曜日は絶対に動かせないですし、もう一方で直前までシフトが決まらないバイトの学生もいます。両者の予定を合わせることは容易ではありません」

「アルバイトの拘束力が年々増しているということ」に気づいた大内は、学生たちから体験を聞き出す。

「テスト前に休むことができないという事態は最近激増しています。普段勉強していない大学生は以前から大勢いましたが、テスト前とテスト期間の勉強で何とか挽回《ばんかい》していました。この数年間は、テスト前とテスト期間にさえ休めないという学生が増えています」

なぜ、そうなったのか。学生たちが働かざるを得なくなったからだ。

仕送り額は、１９９６年度から２０１２年度への16年で3割以上も激減し、その一方で大半が無利子だった奨学金は、いまや、有利子の学生ローン化している。そんな、背に腹を代えられなくなった学生たちが赴く先は「かつて正規が担っていた労働を非正規がやらざるをえない」ほど劣化した労働市場なのである。

「現代思想」の特集「ブラック化する教育」〈2〉を読んでいると、取り返しのつかないほど破壊されつつある教育の現場（小学校から大学まで）の実態が、はっきりと浮かび上がってくる。
「一定の学校を卒業すれば就職ができて、一定の生活ができるという関係そのものが崩れていきました。学力低下、学習意欲や規範意識の低下というかたちで噴出してきた現象は、教育問題というより労働問題だったのです」（大内裕和〈3〉）
「貧困の連鎖はとっくの昔から始まっています。階級社会は既にできあがってしまっているといってよいのではないでしょうか。……つまり、中途退学や不登校の生徒が貧困層に集中して現れているのです。こういった子たちを支援する制度がほとんどない」（青砥恭〈4〉）
大学を出ることは、もうなにも保証しないし、そもそも、そこまでたどり着く可能性を最初から奪われた者たちがいる。それが若い人たちの現状だ。
かつて、人びとは、働けば生活が豊かになると信じた。上の学校に通えなかった親たちは、子どもたちに高等教育を与え、そのことで子どもたちは社会で職を得ることができた。だが、時代は変わった。経済界は、いつでも辞めさせることのできる「労働力」を求めた。新自由主義の名の下に、あらゆるものが市場原理に晒《さら》されることになった。教育も例外ではなかった。学生たちは、取り換えの利く駒の予備軍になった。「超過勤務手当もないのに……週当たり一二時間の超過勤務」の「ほとんどブラック企業化」（佐藤学〈3〉）した職場に置かれた教師も例外ではなかった。

新自由主義の最先進国アメリカで、教育の市場化によって崩壊するアメリカ公教育の現場をつぶさに見てきた鈴木大裕は、いつの間にか「豊かなビジネスの土壌」になってしまった学校の新しいモデル、としてチャータースクールを紹介している〈5〉。だだっ広い部屋に無数の衝立《ついたて》で区切られたボックスがあり、子どもたちがヘッドホンをして、目の前のパソコンに向かっている。

「学校側は正規教員を減らし、時給15ドル（約1500円）の無免許のインストラクターが、一度に最高130人の生徒をモニターすることによって、1年間で約50万ドルを節約できるという。教員の半分は教員経験2年未満、75%は、たった5週間のトレーニングで非正規教員免許を得られるティーチ・フォー・アメリカ出身だ」

「この学校を熱心に支援するシリコンバレーの社長たち」は、もちろん、自分の子どもたちは、この「庶民の学校」には入れないのである。これは、わたしたちの、遠くない未来の風景なのだろうか。

鈴木は、フランスの哲学者ミシェル・フーコーの考察に触れながら、こんな風に書いている……経済的合理性をすべての行動の基準と考える新自由主義の原理は、わたしたちの「心の奥底」まで浸透しようとしている。

わたしたちは自ら望んで「駒」になろうとしつつあるのかもしれない。わたしたちは、立ち向かわなければならないのだ。まず、わたしたち自身の内側と。

〈1〉大内裕和・上西充子・本田由紀・今野晴貴　座談会「ブラックバイトとは？」2014・4・24（「POSSE」22号）
〈2〉特集「ブラック化する教育」（「現代思想」2014年4月号）
〈3〉大内裕和・佐藤学・斎藤貴男　座談会『「教育再生」の再生のために』（同）
〈4〉青砥恭「『居場所としての学校』から飛び出して　高校中退と定時制高校から」（同）
〈5〉鈴木大裕「教育を市場化した新自由主義改革　崩壊するアメリカ公教育の現場から」（「Journalism」2014年4月号）

ぼくらの民主主義なんだぜ

3月18日、台湾の立法院（議会）は数百の学生によって占拠された。学生たちは、大陸中国と台湾の間で交わされた、相互に飲食業、金融サービスなどの市場を開放するという内容の「中台サービス貿易協定」に反対していた。占拠の直接のきっかけは、その前日、政権を握る国民党が協定発効に関わる審議を、一方的に打ち切ったことだった。

立法院を占拠した学生たちは、規律と統制を守りつつ、院内から国民に向けてアピールを続けた。中国に呑《の》みこまれることを恐れる国民の強い支持を受け、占拠は24日間にわたって続いた。

この運動について、中国に批判的な立場からの、彼らを支持する意見〈1〉を、それから、運動に共感しつつも、学生たちの思想の未熟さを指摘する意見〈2〉を、読むことができる。けれども、わたしは、もっと別の感慨を抱いた。

占拠の一部始終を記録したＮＨＫ・ＢＳ1の「議会占拠　24日間の記録」に、こんな光景が映し出された〈3〉。

占拠が20日を過ぎ、学生たちの疲労が限界に達した頃、立法院長（議長）から魅力的な妥協案が提示された。葛藤とためらいの気分が、占拠している学生たちの間に流れた。その時、ひとりの学生が、手を挙げ、壇上に登り「撤退するかどうかについて幹部だけで決めるのは納得できません」といった。

この後、リーダーの林飛帆がとった行動は驚くべきものだった。彼は丸一日かけて、占拠に参加した学生たちの意見を個別に訊《き》いて回ったのである。

最後に、林は、妥協案の受け入れを正式に表明した。すると、再度、前日の学生が壇上に上がった。固唾《かたず》をのんで様子を見守る学生たちの前で、彼は次のように語った後、静かに壇上から降りた。

「撤退の方針は個人的には受け入れ難いです。でも、ぼくの意見を聞いてくれたことを、感謝します。ありがとう」

それから、2日をかけ、院内を隅々まで清掃すると、運動のシンボルとなったヒマワリの花を一輪ずつ手に持って、学生たちは静かに立法院を去っていった。

この小さなエピソードの中に、民主主義の本質が浮かび上がったようだった。

民主主義は「民意」によって、なにかを決定するシステムだ。だが、「民意」をどうやってはかればいいのか。結局のところ、「多数派」がすべてを決定し、「少数派」は従うしかないのだろうか。

学生たちがわたしたちに教えてくれたのは、「民主主義とは、意見が通らなかった少数派が、それでも、『ありがとう』ということのできるシステム」だという考え方だった。彼らが見せてくれた光景は、彼らが勝ち取った政治的成果よりも、重要だったように、わたしには思えた。それは、わずか数百の参加者で、たまたま「直接民主主義」が実現されていた場所だから可能だったのだろうか。

フィンランドの、原発からの廃棄物処理施設を描き、大きな話題をよんだ映画「100000年後の安全」〈4〉に、忘れられないシーンがある。その地下施設の中心部で、急進的な反原発派でもある監督が、インタビュアーとして、施設の責任者たちに直接、質問をぶつける。厳しい質問に、時に、彼らは絶句し、苦悩し、それでも逃げることなく答え続けようとしていた。この映画が可能になったのは、「すべて」を見せることを、フィンランド政府がためらわなかったからだろう。

わたしが、原発に反対するフィンランド国民だったとしても「あなたたちの考え方には反対だけれど、情報の公開をためらわず、誠実に対応してくれてありがとう」といっただろう。そこに存在していたものが民主主義だとするなら、わたしたちの国には、まだ民主主義は存在していないのである。

台湾の学生たちの運動に前後して、日本の学生たちが、「特定秘密保護法」に反対するデモを計画した。ふだん、政治とほど遠かった学生たちは、ツイッターやフェイスブックで連絡し合いながら集まり、デモのためのCM動画を作った。一つは、まるで青春映画の予告編のようで、もう一つは、ミュージックビデオのようだった〈5〉。どちらにも、楽しさとユーモアが横溢《おういつ》しているように思えたが、そのCMを見て「デモは『楽しみ』ですか」と疑義を呈する人がいた。

政治（に参加すること）は、苦しみばかりでつまらぬものだ、という「常識」がある。そうなのだろうか。わたしたちの中で、「民主主義」は、一つの、固定した「常識」になっていないだろうか。

CMの最後に、画面の外から「民主主義どっち？」と問いかける声が聞こえてくる。画面の中の女の子は、自分を指さし「こっち！」というのである。

民主主義の原理を記した、ルソーの『社会契約論』〈6〉には、不思議な記述がある。ルソーによれば、「一般意志」（「民意」と考えていいだろう）は、意見の違いが多ければ多いほど、その真の姿を現すことができるのである。そこに垣間見える民主主義の姿は、わたしたちの「常識」とは異なっている。

もしかしたら、わたしたちは、「正しい」民主主義を一度も持ったことなどないのかもしれない。「民主主義」とは、ドイツの思想家、ハーバーマス〈7〉の、想像力を刺激することばを用いるなら、一度も完成したことのない「未完のプロジェクト」なのだろうか。

2014・5・29

〈1〉金美齢「台湾の運命は学生が変える!」(「WiLL」2014年6月号)
〈2〉丸川哲史「台湾『反サービス貿易協定』運動の可能性と限界」(「atプラス」20号)
〈3〉「議会占拠　24日間の記録」(NHK・BS1で2014年5月10日に放送)
〈4〉映画「100000年後の安全」(マイケル・マドセン監督、2009年、日本公開は2011年4月)
〈5〉特定秘密保護法に反対する学生有志の会(http://aikihon123.wix.com/students-against-spl)
〈6〉ルソー『社会契約論』
〈7〉ユルゲン・ハーバーマス『近代　未完のプロジェクト』(岩波現代文庫、2000年刊)

「アナ雪」と天皇制

数日前、大ヒット中の映画「アナと雪の女王」を見た〈1〉。公開されて数カ月を経てなお、空席はなかった。

若くして、王である父と母を亡くした姉エルサは、その国の女王として即位する。けれど、エルサには、大切な妹アナにもいえない大きな秘密があった。すべてを凍らせる魔法の力を持っていたのだ。中森明夫は、こう書いている。

「あらゆる女性の内にエルサとアナは共存している。雪の女王とは何か？　自らの能力を制御なく発揮する女のことだ。幼い頃、思いきり能力を発揮した女たちは、ある日、『そんなことは女の子らしくないからやめなさい』と禁止される。傷ついた彼女らは、自らの能力（＝魔力）を封印して、凡庸な少女アナとして生きるしかない。王子様を待つことだけを強いられる」〈2〉

その上で、中森は、幾人かの、実在する「雪の女王」を思い浮かべる。その一人が「雅子妃殿下」だ。彼女は「外務省の有能なキャリア官僚だった」が「皇太子妃となって、職業的能力は封じられ」「男子のお世継ぎを産むことばかりを期待され」「やがて心労で閉じ籠《こも》ること」になると記した上で、さらに映画のテーマ曲「ありのままで」に触れながら「皇太子妃が『ありのまま』生きられないような場所に、未来があるとは思えない」と書いた。この原稿は、結局、依頼主である「中央公論」から掲載を拒否されたのだが、その理由は定かではない。

戦後社会と民主主義について深く検討する本が続けて現れた。いまの時期にこそふさわしいこれらの本の、大きな特徴は、どちらも、女性によって書かれ、天皇制について言及があることだ。

上野千鶴子は、いわゆる「改憲」でも「護憲」でもなく、憲法を一から選び直す「選憲」の立場をとり、その際には、天皇の条項を変えたい、とした〈3〉。象徴天皇制がある限り「日本は本当の民主主義の国家とはいえ」ないからだ。いや、理由はそれだけではない。「人の一生を『籠の鳥』にするような、人権を無視した非人間的な制度の犠牲には、誰にもなってもらいたくない」からだ。

赤坂真理は「雅子妃」の娘である「敬宮愛子様」について、深い同情をこめて、こう書いている〈4〉。

「生まれてこのかた、『お前ではダメだ』という視線を不特定多数から受け続けてきたのだ。それも彼女の資質や能力ではなく、女だからという理由で。（略）ゆくゆくは彼女の時代となることを視野に入れた女性天皇論争も、（略）秋篠宮家に男児が生まれた瞬間に、止《や》んでしまったのだ！（略）彼女は生まれながらに、いてもいなくてもよくて、幼い従兄弟《いとこ》の男児は、生まれながらに欠くべからざる存在なのだ。なんという不条理！それを親族から無数の赤の他人に至るまでが、（略）ごくごく素朴に、信じている。この素朴さには根拠がない。けれど素朴で根拠のない信念こそは、強固なのだ」

この二つの本からは、同じ視線が感じられる。それは、制度に内在している非人間的なものへの強い憤りと、ささやかな「声」を聞きとろうとする熱意である。制度の是非を論じることはたやすい。けれども、彼女たちは、その中にあって呻吟《しんぎん》している「弱い」個人の内側に耳をかたむける。それは、彼女たちが、男性優位の（女性であるという理由だけで、卑劣なヤジを浴びせかけられる）この社会で、弱者の側に立たされていたからに他ならない。彼女たちは知っているのだ。誰かの自由を犠牲にして、自分たちだけが自由になることはできないと。

なぜ、天皇の後継者は「世襲で、かつ男系の男子」でなければならないのか。多くの人たちが「素朴に信じている」このあり方の奥深くまで、膨大な資料を駆使し、メスを入れたのが、2年近く連載され、来月完結を迎える原武史の「皇后考」だ〈5〉。天皇制について考えようとするなら、今後、この画期的な論考を無視することは不可能だろう。

わたしたちが知っている「天皇制」は近代に生まれたもので、たかだか百数十年の歴史しかなく、それに先立つ2千年近い「天皇制」の中に、近代のそれとはまったく異なる原理が混じっていた、と原は指摘している。

原によれば、そもそも女神であるアマテラスを始祖とする古代天皇制には、現在のそれとは正反対の「女性優位」ともいうべき思想が底流としてあった。それを象徴するのが、神であるアマテラスと人間である天皇の中間にいる「ナカツスメラミコト」とも呼ばれる存在だ。その、ある意味では天皇より上位の存在に、皇后はなることができるのであり、実際に、歴代の皇后の中に、いや近代になっても、それを強く意識し、その地位に上ろうとした者もいたのである。

「男系男子」のみを皇位継承者とする「皇室典範」の思想は、「男性優位」社会のあり方に照応している。だが、その思想も、人工的に作られたものにすぎない。人工的に作られたものは変えることができるのだ。どのような制度も、また。

皇太子の移動のための交通規制で足止めを食った堀江貴文が「移動にヘリコプターを使えば」とツイートした。それに対して、皇室への敬愛が足りないと批判が殺到した。皇太子のことを何だと考えているのかという質問に、堀江は簡潔にこう答えた〈6〉。

「人間」

いいことというね、ホリエモン。2014・6・26

〈1〉映画「アナと雪の女王」（監督＝クリス・バックほか、日本公開は2014年3月）

〈2〉「『中央公論』掲載拒否！　中森明夫の『アナと雪の女王』独自解釈」(http://real-japan.org/2014年6月17日、「サンデー毎日」2014年7月6日号にも）

〈3〉上野千鶴子『上野千鶴子の選憲論』（集英社新書、2014年4月刊行）

〈4〉赤坂真理『愛と暴力の戦後とその後』（講談社新書、2014年5月刊行）

〈5〉原武史「皇后考」（雑誌「群像」で連載中、『皇后考』単行本は講談社、2015年2月刊）

〈6〉堀江貴文（@takapon_jp）によるツイッターでのつぶやき（2014年6月17日）

現実はもっと複雑で豊かだ

イスラエルの侵攻でパレスチナに千人以上の死者が出た。ウクライナでは民間航空機が撃墜され、300人近くの乗客が亡くなった。なにかをいいたいと思うが、すぐことばにはならない。発言する権利があるのか、もし発言するとしたら、もっと他のことについてではないか、とも思う。そして、なにもいわずに時が過ぎる。

「現代思想」7月号「ロシア」特集を読んだ。混迷するロシアの現在について専門家の意見が多く載って、ためになる。けれど、どこかもどかしさが残った。その中で、目を見張る思いで読んだ、一連の文章があった。書き手には、現代ロシア文学のファンなら胸がときめく名前が並んでいる。政治・社会を論じる特集に、なぜ作家たちが大挙、参加しているのか。

リュドミラ・ウリツカヤは、ウクライナからロシアに併合されたクリミアについて書いた文章を、小さいときから夏の数カ月を過ごしたその地の小さな町の思い出から始めている〈1〉。クリミアは、多くの民族の行き交う場所だった。

「かつてこの由緒ある地に住んだすべての民族がこの地で平和に暮らせるようになることを願っています……胸に手を当てて言いましょう――私個人としては行政的にクリミアがどの国に属そうと構いません。平和であればいいのです」

沼野充義は、民族主義の高揚の中で（クリミア編入の議会決定に反対したのは上・下院を通じて僅《わず》か一人）、いまロシアは「反対だと声を上げたら袋だたきにあってしまう」怖い状況であり、ウリツカヤを筆頭とする、ウクライナの立場も理解しようとするリベラルな作家たちは「売国奴」や「非国民」と攻撃の対象になりつつあるとした〈2〉。

他人事《ひとごと》とは思えない。それでも、彼（女）らが発言をやめないのは、作家としての責務と考えているからだろう。

作家としての責務とは何か。それは、彼（女）らを攻撃している者たちが考えるより、現実はずっと複雑で、豊かであると伝えることだ。その文章の中の、ロシア・クリミア・ウクライナは、数千キロ離れた、異なった国の読者の胸にも鮮やかに浮かび上がるのである。

ウリツカヤは「当面は戦争が続きます。ウクライナで起こったような自動小銃と装甲車による戦争ではありません。戦争は秘《ひそ》かに続けられます」と書いた。

ミハイル・シーシキンも「二一世紀に、もはや『遠くのどこかの国とどこかの国がしている戦争』などありえない。すべての戦争がヨーロッパに住む私たち自身に関わる。そしてその戦争が始まっている」と書いている〈3〉。

作家たちは、目に見える戦争だけではなく、わたしたちは既に「見えない戦争」に巻きこまれている、と書いている。格差、貧困、環境、様々な理由で、人々は倒れてゆく。それもまた「戦争」だ。彼らを倒した「見えない銃弾」を放った者がどこかにいるのである。

「ひめゆり学徒隊」の悲劇を現代マンガにした（その後、舞台化もされた）今日マチ子の新作『いちご戦争』が刊行された〈4〉。小さな本の中に、不思議な世界が詰めこまれている。登場するのは少女ばかりで、少女たちは、いま「戦争」の只中《ただなか》にいる。武器は巨大ないちごやチョコレート菓子や爪楊枝《つまようじ》で、防衛のための鉄条網を支えているのは杭ではなく、ケーキの上に載っているロウソクだ。撃沈されたマシュマロの軍艦に乗っていた少女は、死んでココアの海に沈んでゆくのである。「いま、戦争中だ」という少女の思いは、その時期特有の甘い夢、あるいは妄想なのだろうか？

作家たちは、繊細な感受性で「現代の戦争」を嗅ぎつけ、それをことばにする。もしかしたら、少女たちは、作家たちよりもさらに繊細なアンテナを持っていて、社会の深部から発する、ことばにならない微弱な不安をキャッチしているのかもしれない。

いま世界中で話題の書、ピケティの『21世紀の資本論』〈5〉の記事が、著者本人のインタビュー〈6〉も含めて、掲載されはじめた。この、マルクスの『資本論』〈7〉を意識した、英語版で700ページを超える経済学の本が異例のベストセラーになったのは、現代の社会の核心をつく問題提起を行ったからだ。ピケティは、20以上の国の3世紀にわたるデータを集め、富める者はますます富み、そうでない者との格差は開き続けるだろうと書いた。

赤木昭夫は、ピケティで注目すべきなのは、多くの学問が専門という名の下にその内部に閉じこもろうとしている中で、「広大なテーマへ」野心的に取り組もうとしたことだ、としている〈8〉。

45年前、学生運動で逮捕・起訴され、拘置所にいたわたしは、その7カ月の間、まず『資本論』を読もうと思った。時間だけはたっぷりあったのだ。読み始めて、すぐにわたしはとまどった。それが「経済学」の本に留《とど》まらないことがすぐにわかったからだ。その本の中で著者は、世界全体を丸ごと理解しようとしていた。まるで、作家や詩人のように馬鹿げた野心の持ち主だ、とわたしは思った。その後、わたしは作家になったが、「作家としての野心の大きさ」でも、この人には敵《かな》わないと感じる。

人々が攻撃的になるのは、視野を狭くしているからだ。世界を、広く、深く、複雑なも

のとして見ることを忘れないようにしたい。いま、強く、そう思う。2014・7・31

〈1〉リュドミラ・ウリツカヤ「クリミア情勢について」(「現代思想」2014年7月号)
〈2〉沼野充義・塩川伸明　討議「ウクライナ危機の深層を読む」(同)
〈3〉ミハイル・シーシキン「小さな家」(同)
〈4〉今日マチ子『いちご戦争』(河出書房新社、2014年7月刊)
〈5〉トマ・ピケティ『21世紀の資本論』(未邦訳、仮題、単行本『21世紀の資本』としてみすず書房より2014年12月刊)
〈6〉トマ・ピケティ、インタビュー「格差の現実を直視せよ」(「週刊東洋経済」2014年7月26日号)
〈7〉カール・マルクス『資本論』
〈8〉赤木昭夫「ピケティ・パニック」(「世界」2014年8月号)

想像する、遠く及ばなくとも

映画「父親たちの星条旗」の冒頭、「ほんとうに戦争を知っているものは、戦争について語らない」という意味合いのことばが流れる〈1〉。深く知っているはずのないことについて、大声でしゃべるものには気をつけたい。これは自戒としていうのだが。

読売新聞主筆・渡辺恒雄が「文藝春秋」に書いた文章のタイトルは「安倍首相に伝えたい『わが体験的靖国論』」〈2〉。それは、消えつつある「ほんとうに戦争を知っている」世代から、そうではない世代の指導者への遺言のように、思えた。

渡辺は、「先の戦争」の責任について語り、その象徴として「靖国問題」を取りあげた。宗教性を持たせぬようにしたため、対立を報じられることの殆《ほとん》どない、他国の追悼施設に対し、特異な宗教的施設である靖国を戦没者の追悼の場所とすることへの強い疑念を表明した渡辺は、さらに、「戦争体験者の最後の世代に属する」ものとして、自分が経験した軍隊生活の悲惨な実態についても語っている。わたしは、渡辺とは多くの点で異なった考えを持つが、戦争を語るときの真摯《しんし》さにはうたれる。彼のことばには、「戦争について語りすぎるもの」への不信が覗《のぞ》くが、その不信は、大きな声ではなく、ただ呟《つぶや》くように、書かれている。

「先の戦争」が残した、大きな傷痕の一つ「慰安婦問題」に、今月、大きな動きがあった。朝日新聞が、「慰安婦強制連行」の証拠としてきた「吉田清治発言」を「虚偽だと判断し、記事を取り消」すと発表したのだ〈3〉。「強制連行」があったかどうかは、もともと本質的な問題ではなかったはずだ。なのに、この一連の記事によって、いつしかそれは「慰安婦問題」の中心的論点になってしまった。そのことの責を新聞は負わなければならないだろう。だが、わたしが取りあげたいのは、そのことではない。

たとえば、秦郁彦の『慰安婦と戦場の性』は、この問題について、広範で精密な資料を提示する「代表的」な文献とされる〈4〉。けれど、わたしは、この、「正確な事実」に基づいているとする本を読む度に、深い徒労感にとらわれる。

秦は、慰安婦たちの「身の上話」を「雲をつかむようなものばかり」で、「親族、友人、近所の人など目撃者や関係者の裏付け証言がまったく取れていない」と書いた。慰安婦たちのことばを裏付ける証言をするものなどおらず、彼女たちのことばは信ずるに足りない、と。ほんとうに、そうなのだろうか。

先の戦争で、数百万の日本人兵士が戦場へ赴いた。その中には、多くの小説家たちがいた。生き残り、帰国した彼らは、戦場で見たものを小説に書き残した。そこには、歴史家の「資料」としてではなく、同じ人間として生きる慰安婦たちの鮮やかな姿も混じっている。

田村泰次郎は、次々と半ば強制的に様々な部隊の兵士の「慰安」の相手をさせられながら過酷な列車の旅を続けてゆく女たちを描いた「蝗《いなご》」や、全裸で兵士たちと共に行軍を強いられる女の姿を刻みつけた「裸女のいる隊列」を書いた〈5〉。

強姦《ごうかん》と殺戮《さつりく》が日常である世界を描いた田村と異なり、古山高麗雄《こまお》の作品群には不思議な静けさが漂う。主人公の兵士である「私」は、戦場で自分だけの戒律を作った。「民間人を殺さない」こと、そして「慰安所に行かない」ことだ。それは「私」にとって「正気」でいるために必要な手段だった。そんな「私」は、慰安婦たちに深い同情と共感を覚える。なぜなら、「彼女たちは何千回となく、性交をやらされているわけだ。拉致されて、屈辱的なことをやらされている点では同じだ。(略)私たちが徴兵を拒むことができなかったように、彼女たちも徴用から逃げることはできなかったのだ」〈6〉。

戦後、「慰安婦問題」が大きく取りあげられるようになって、古山は「セミの追憶」という短編を書いた〈7〉。「正義の告発」を始めた慰安婦たちの報道を前に、その「正しさ」を認めながら、古山は戸惑いを隠せない。それは、ほんとうに「彼女たち自身のことば」だったのだろうか。そして、かつて、戦場で出会った、慰安婦の顔を思い浮かべる。「彼女は……生きているとしたら……どんなことを考えているのだろうか。彼女たちの被害を償えと叫ぶ正義の団体に対しては、どのように思っているのだろうか。そんな、わかりようもないことを、ときに、ふと想像してみる。そして、そのたびに、とてもとても想像の及ばぬことだと、思うのである」

戦後70年近くたち、「先の戦争」の経験者たちの大半が退場して、いま、論議するのは、経験なきものたちばかりだ。

紙の資料に頼りながら、そこで発される、「単なる売春婦」「殺されたといってもたかだか数千で、大虐殺とはいえない」といった種類のことばに、わたしは強い違和を感じてきた。「資料」の中では単なる数に過ぎないが、一人一人がまったく異なった運命を持った個人である「当事者」が「そこ」にはいたのだ。

だが、その「当事者」のことが、もっとも近くにいて、誰よりも豊かな感受性を持った人間にとってすら「想像の及ばぬこと」だとしたら、そこから遠く離れたわたしたちは、もっと謙虚になるべきではないのだろうか。性急に結論を出す前に、わたしは目を閉じ、静かに、遥《はる》か遠く、ことばを持てなかった人々の内奥のことばを想像してみたいと思うの

である。それが仮に不可能なことだとしても。2014・8・28

〈1〉映画「父親たちの星条旗」（クリント・イーストウッド監督、2006年）

〈2〉渡辺恒雄「安倍首相に伝えたい『わが体験的靖国論』」（「文藝春秋」2014年9月号）

〈3〉記事「慰安婦問題を考える（上）～『済州島で連行』証言」（「朝日新聞」2014年8月5日付）

〈4〉秦郁彦『慰安婦と戦場の性』（新潮選書、1999年）

〈5〉田村泰次郎「蝗」（1964年発表、『コレクション戦争と文学』7巻、集英社、2011年刊、所収）、「裸女のいる隊列」（1954年発表、同12巻、2013年刊、所収）

〈6〉古山高麗雄「白い田圃」（1970年発表、『二十三の戦争短編小説』文春文庫、2004年刊、所収）

〈7〉同「セミの追憶」（1993年発表、同）

〈個人的な意見〉「愛国」の「作法」について

学校で「新聞」を作るプロジェクトに参加している小学生の息子が、おれの机の上に積まれていた新聞と雑誌を見つけ、「これ、なに？　読んでいい？」と訊《き》いてきた。おれは、少し考えて、「止《や》めときな」といった。

「なんで？」

「下品で卑しいものが混じってるから。そのうち、きみはそういうものにたくさん出会うことになるだろうが、いまは、もっと気品があって美しいものを読んでいてもらいたいんだよ。パパとしては」

「わかった」。そういって、息子は書斎を出ていった。おれは、なんだかちょっと悲しく、憂鬱《ゆううつ》だった。

朝日新聞は、二つの大きな「誤報」を作り出した〈1〉〈2〉。「誤報」に関しては、擁護のしようもない。その後の対応も、どうかしている。だから、批判は甘んじて受けるべきだ、とおれは考えていた。机の上にあったのは、その「誤報」を批判するものだった。その中には、有益なものも、深く考えさせられるものもある。だが、ひどいものも多い。ひどすぎる。ほんとに。罵詈雑言《ばりぞうごん》の嵐。そして、「反日」や「売国」といったことばが頻出する。

そんなことばが使われること自体は珍しくない。「前の戦争」のときにおれたちのこの国で、1950年代のアメリカで、旧ソ連時代のロシアで、そして、ナチス支配下のドイツで、「愛国」の名の下に、それに反すると認定された者は、「売国奴」（ときに、「共産主義者」や「人民の敵」ということばも使われた）と呼ばれ、容赦なく叩《たた》きのめされ、社会的に（あるいは身体的に）抹殺された。いまも世界中で、同じことは行われ続けている。いや、気がつけば、おれたちの国では、その「語法」が、「憎しみ」と軽侮に満ち、相手を一方的に叩きのめす「語法」が広がっている。

2001年9月11日、ニューヨークの世界貿易センタービルに2機の飛行機が突入した。イスラム原理主義グループによる同時多発テロだ。ベルリン滞在中のアメリカ人作家スーザン・ソンタグは、その2日後、このことについて意見を書き、テロから6日後に発売された雑誌に掲載された〈3〉。ソンタグはこう書いている……まず、共に悲しもう。だが、みんなで一緒に愚か者になる必要はない。テロの実行者たちを「臆病者」と批判するが、そのことばは彼らにではなく、報復のおそれのない距離・高度から殺戮《さつりく》を行ってきた者（我らの軍隊）の方がふさわしい。欺瞞《ぎまん》や妄言はなにも解決しない。現実を隠蔽《いんぺい》する物言いは、成熟した民主国家の名を汚すものだ、と。

この発言は、「団結」を乱すものとして、全米で憤激を巻き起こした。ソンタグは「アメリカの敵」を擁護する「売国奴」と見なされ、殺害予告をされるまでに至った。それでも、ソンタグはすぐにニューヨークに戻り、発言を続けた。

彼女は、どうしてそんな発言をしたのだろうか。おれは、ずっと考えてきた。もしかしたら、彼女は、殺されても仕方ないと思っていたのかもしれない（彼女は、長期にわたる癌《がん》闘病生活を送っていて、2004年に亡くなる）。愛する祖国が、憎悪にかられて、暴走するのを止めるために、「正気」に戻るよう促すためには、それしか方法がなかったのかもしれない。実際、ブッシュ政権下のアメリカはやがて、「イラクには大量破壊兵器がある」という情報を捏造《ねつぞう》して、戦争を開始することになるのである。

おれは、ソンタグのような人間こそが、最高の愛国者ではないかと思う。同じような事件がこの国で起こったとき、同じような感想を抱いたとして、ソンタグのようなことが書けるか、といわれたら、おれには無理だ。そんな勇気はない。

ソンタグはこんなことをいっている。「自分が大切にしている諸権利やさまざまな価値の相克に、私は取り憑《つ》かれている。たとえば、ときとして、真実を語っても正義の増大にはつながらないということ。ときとして、正義の増大が真実の相当部分を押さえ込む結果になるかもしれない、ということ。（略）

私自身の見解は、もし真実と正義のどちらかを選ばざるをえないとしたら――もちろん、片方だけを選ぶのは本意ではないが――真実を選ぶ」〈4〉

ジャーナリズムのことばと文学のことばは違う。けれど、共有しているものもある。だから、いまのことばを朝日新聞に贈りたい。「誤報」問題が起こったのは、自分たちの「正義」を絶対視してしまったからであるように思えるのだ。

人は間違える（おれもしょっちゅう間違える）。組織や社会も間違える。国もまた間違える。それがすべての出発点であるように、おれは思う。それがどのような「正義」であれ、「おれは間違っていない」というやつは疑った方がいい。「愛国者」であると自称する連中は「国の正しさ」に敏感だ（だから、「正しくない」といわれると攻撃する）。だが、正しくなければ愛せないのだろうか。ソンタグにとって、祖国アメリカは、「正しさ」と「不正」の入り交じった存在だった。その、矛盾する、等身大のアメリカをこそ彼女は愛した。

自称「愛国者」たちは、「愛国」がわかっていないのではない。「愛」が何なのかわかっていないのだ、とおれは思う。こんなことといってると、おれも、間違いなく「反日」と認定されちまうな。いやになっちゃうぜ。2014・9・25

〈1〉記事「慰安婦問題を考える（上）〜『済州島で連行』証言」など（「朝日新聞」2014年8月5日付）
〈2〉記事「本社、記事取り消し謝罪　吉田調書『命令違反し撤退』報道」（「朝日新聞」2014年9月12日付）
〈3〉スーザン・ソンタグ「9・11・01」（『同じ時のなかで』NTT出版、2009年、所収）
〈4〉スーザン・ソンタグ「言葉たちの良心　エルサレム賞受賞スピーチ」（同）

支配と服従が横行する国で

20年以上前のことだ。わたしは、ファッションショーによく通っていた。イッセイミヤケ、コムデギャルソン、ヨウジヤマモト。どれもが、まったく新しく、見て美しく、男物なら着て楽しく（奮発しないと買えなかったが）、強い刺激を受けた。

川久保玲（コムデギャルソン）は1980年代初頭から、革新的な作品を次々発表するようになり、ファッションの世界に大きな影響を与えた。川久保のファッションをひと言で説明することはできない。だが、その底に、フェミニズムがあり、デザインによって、女性の身体や衣服に関する偏見や拘束に立ち向かおうとしたことは間違いないだろう。

川久保はこの夏、パリのコレクションで、軍服をモチーフにした作品を発表し、大きな話題となった〈1〉。テーマは「反戦」。川久保は「私は服で何かを積極的に発信するのは好きじゃない。だが、今回はやることにした」と語っている〈2〉。元は軍服だったかもしれないその服は、カラフルに壊され、正反対の性質のものに変化しているように思えた。

その川久保に呼応するように、先月末、もうひとりのデザイナー界の雄、カール・ラガーフェルドが、主宰する「シャネル」のショーのラストであっと驚くことをやってのけた〈3〉。スーパーモデルたちにハンドマイクやプラカードを持たせ、パリの街頭を模した会場をデモ行進させたのだ。

プラカードに書かれた文字が楽しい。「戦争ではなくファッションを」「男も子どもを産んでみればいい」「歴史を作ったのは女たちだ」「ひとりひとり違っていてもいいじゃないか」

これに対して、フェミニズムを商売にするもの、あるいは、痩せた白人モデルばかりで胡散臭《うさんくさ》い、との批判もあったが、ラガーフェルドは、(反移民や反同性婚を標榜《ひょうぼう》する)政治党派・国民戦線の伸長がこの国の自由を奪おうとしていることをささやかながら訴えたかった、と応えた。どちらも、ファッションという文化がその根に持っている、強い自由への希求を感じさせる事件だったように思う。

『ネットと愛国』で知られる安田浩一の新しいルポ「外国人『隷属』労働者」を読み、強い衝撃を受けた〈4〉。

わたしたちの国には「外国人技能実習制度」というシステムがあって、「技能」を学んだ後、「実習生」として滞在することができることになっている。だが、実際には、「技能」の「研修」などないに等しく、外国人は単に「安価な労働」として取り扱われているにすぎない。

安田は、恋人の家に外泊したために、強制帰国させられそうになった例をあげているが、彼女が会社と交わした契約では、恋愛や妊娠（や携帯電話を持つこと）は禁止されていて、それをやぶると、強制帰国させられるのだ。そこでは転職（職場移動）の自由がなく、強制帰国の例が後を絶たず、正常な労使関係が存在せず、支配・服従の関係が横行する制度がまかり通っている。

実習生たちの労働問題に取り組むある団体の責任者は、ワシントンで国務省の幹部から「実習制度は廃止すべきだ。米国の基準であれば、あれは人身売買以外の何物でもない」といわれた。

外国人だから自由も人権も奪われていても気にならない、という社会では、自由や人権も空語でしかないだろう。

「週刊東洋経済」の特集「ビジネスマンのための歴史問題」が異彩を放っていた〈5〉。特集では、日・中・韓の間にある歴史問題を、丁寧に指摘している。その視点は、「日本の外からはどう見えているか」で、冷静さが際立つ。

いったいなぜ、一経済誌が、こんな特集を、と思ったが、途中の「石橋湛山《たんざん》のアジア認識に学ぶ」という小特集ページを見て、疑問が解けた〈6〉。

石橋湛山は、「週刊東洋経済」の前身「東洋経済新報」に拠《よ》り、明治末年から長く、「日本の領土拡大・権益獲得の方針に一貫して強い批判を続けた」。ラディカルなリベラリズムの立場から、湛山は、言論の力のみで、政府・軍部に戦いを挑んだ。

「アジア大陸に領土を拡張すべからず」と主張し、冷静な経済分析から、植民地支配は経済的利益などもたらさず、支配地の人びとの反感が、逆に、日本の経済的発展を妨げる、と訴えた。

だが、湛山の主張の白眉《はくび》は、1931年の「満蒙問題解決の根本方針如何《いかん》」だろう。この社説で、湛山は、高まりつつあった中国の排日運動について、排日運動を支えるナショナリズム教育は、実は、日本もまた明治維新以来やってきたものと同じだ、と書いた〈7〉。

「我が国民がいかに支那を知らざるかは、前々号に述べたる排日読本に対する我が国民の認識不足によって見てもわかる。と同時にこれはまた我が国民が我自らを識《し》らざる証拠とすることも出来る」

他国のことを知らない国民は、結局、自分たちのことも知らないのだ。

湛山は、戦後72歳で総理大臣になったが、病を得て、2カ月で辞任した。その後も、自由と平和を語り続け、1960年には「憲法を空文化」しようとする「歴代の保守党政府」を批判し、73年、88歳で亡くなった。半世紀にわたる湛山の評論活動を収めた『石橋湛山評論集』を読むと、湛山のことばが、いまもまったく古びていないことがわかる。「シャネル」の創業者で「女性の身体を自由にした」ココ・シャネルと石橋湛山、実は同時代の人である。2014・10・30

〈1〉コムデギャルソン（川久保玲）による発表「反戦（アンチ・ウオー）」（2015年春夏メンズコレクション＝2014年6月）
〈2〉記事「軽さと快適さ追求　ミラノ・パリ、15年春夏メンズコレクション」（「朝日新聞」2014年7月10日付夕刊・東京）
〈3〉シャネルの「デモ隊」（2015年春夏パリ・コレクション＝2014年9月）
〈4〉安田浩一「外国人『隷属』労働者」（「G2」17号）
〈5〉特集「ビジネスマンのための歴史問題」（「週刊東洋経済」2014年9月27日号）
〈6〉「石橋湛山のアジア認識に学ぶ」（同）
〈7〉『石橋湛山評論集』（岩波文庫、1984年刊）

記憶の主人になるために

去年、韓国で出版され、「元慰安婦の方たちの名誉を毀損《きそん》した」として、提訴・告訴された、朴裕河《パクユハ》の『帝国の慰安婦』の日本語版が、ようやく公刊された〈1〉。感銘を受けた、と書くのもためらわれるほど、峻厳《しゅんげん》さに満ちたこの本は、これから書かれる、すべての「慰安婦」に関することばにとって、共感するにせよ反発するにせよ、不動の恒星のように、揺れることのない基軸となるだろう、と思われた。そして、同時に、わたしは、これほどまでに孤独な本を読んだことがない、と感じた。いや、これほどまでに孤独な本を書かざるを得なかった著者の心中を思い、ことばを失う他なかった。

「朝鮮人慰安婦」問題は、日本と韓国の間に深刻な、修復不可能と思えるほどの亀裂を生み出した。片方に、「慰安婦は、単なる売春婦に過ぎない」という人たちが、一方に、「慰安婦たちは、強制されて連れて来られた性奴隷だ」とする人たちがいて、国家の責任をめぐって激しい論争を繰り広げてきた。

朴裕河はこういう。

「これまで慰安婦たちは経験を淡々と話してきた。しかしそれを聞く者たちは、それぞれ聞きたいことだけを選びとってきた。それは、慰安婦問題を否定してきたひとでも、慰安婦たちを支援してきたひとたちでも、基本的には変わらない。さまざまな状況を語っていた証言の中から、それぞれ持っていた大日本帝国のイメージに合わせて、慰安婦たちの〈記憶〉を取捨選択してきたのである」

朴がやろうとしたのは、慰安婦たちひとりひとりの、様々な、異なった声に耳をかたむけることだった。そこで、朴が聞きとった物語は、わたしたちがいままで聞いたことがないものだったのだ。

朴は、「朝鮮人慰安婦」たちを戦場に連れ出した「責任」と「罪」の主体は、帝国日本であるとしながら、同時に、実際に彼女たちを連れ出した朝鮮人同胞の業者と、そのことを許した「女子の人生を支配下に置く家父長制」(日本人の場合も同じだ)を厳しく批判する。

「謝罪」すべきなのは、帝国日本だけではない、「韓国(および北朝鮮)の中にも慰安婦たちに『謝罪』すべき人たちはいる」のだ。だが、そのことは忘れ去られた。なぜだろうか。植民地に生きる者は、時には本国民よりも熱く、その宗主国に愛と忠誠と協力を誓った。

それが仮に真意ではなかったとしても。そして、そのことは、忘れるべき「記憶」だったからだ。

「日本人慰安婦」の代替物として戦場に送られた「朝鮮人慰安婦」にとって、日本人兵士は、時に（身体と心を蹂躙《じゅうりん》する）激しく憎むべき存在であり、時に（同じように、戦場で「もの」として扱われる）同志でもありえた。その矛盾を生きねばならなかった彼女たちの真実の声は、日本と韓国、どちらの公的な「記憶」にとっても不都合な存在だったのだ。

「何よりも、『性奴隷』とは、性的酷使以外の経験と記憶を隠蔽《いんぺい》してしまう言葉である。慰安婦たちが総体的な被害者であることは確かでも、そのような側面のみに注目して、『被害者』としての記憶以外を隠蔽するのは、慰安婦の全人格を受け入れないことになる。それは、慰安婦たちから、自らの記憶の〈主人〉になる権利を奪うことでもある。他者が望む記憶だけを持たせれば、それはある意味、従属を強いることになる」

かつて、自分の身体と心の「主人」であることを許されなかった慰安婦たちは、いまは自分自身の「記憶」の主人であることを拒まれている。その悲哀が、朴の本を深い孤独の色に染めている。

木村幹の『日韓歴史認識問題とは何か』は、朴が提起した問題への、日本の側からの誠実な応答の一つであるように、思えた〈2〉。

「日韓歴史共同研究」に参加した著者は、朝鮮半島に関わる研究者たちが巻きこまれざるをえない、歴史認識問題をめぐる争いの中で、疲れ果て、アメリカへ赴いた。そこでの「リハビリのためのトレーニング」として、この本は書かれた。

木村は考える。

なぜ、歴史認識をめぐって、不毛とも思える激しい争いが繰り広げられるのか。あるいは、なぜ、かつては問題でなかったことが、突然、問題として浮上するのか。そして、なぜ、その問題は、いまもわたしたちを苦しめるのか。

それは、「過去」というものが、決して終わったものではなく、その「過去」と向き合う、その時代を生きる「現在」のわたしたちにとっての問題だからだ。

では、「過去」が「現在」の問題であるなら、わたしたちはどう立ち向かえばいいのか。

「わたしたちの生は過去の暴力行為の上に築かれた抑圧的な制度によって今もかたちづくられ、それを変えるためにわたしたちが行動を起こさないかぎり、将来もかたちづくられつづける。過去の侵略行為を支えた偏見も現在に生きつづけており、それを排除するために積極的な行動にでないかぎり、現在の世代の心のなかにしっかりと居すわりつづける」(テッサ・モーリス＝スズキ〈3〉)

遥《はる》か昔に、植民地支配と戦争は終わった。だが、それは、ほんとうに、遠い「過去」の話だろうか。違う。戦争を招いた、偏見や頑迷さが、いまもわたしたちの中で生きているのなら、その「過去」もまた生きているのである。2014・11・27

〈1〉朴裕河『帝国の慰安婦　植民地支配と記憶の闘い』（朝日新聞出版、2014年11月刊）
〈2〉木村幹『日韓歴史認識問題とは何か』（ミネルヴァ書房、2014年10月刊）
〈3〉テッサ・モーリス＝スズキ『過去は死なない』（岩波書店、2004年刊、岩波現代文庫版、2014年6月刊）

クソ民主主義にバカの一票

投票日の数日前、ある授業の終わりに、別のクラスの学生が来て、訴えたいことがあるので時間をもらえるかと訊《き》いてきた。いいよ、とわたしは答えた。ここはきみたちの時間でもあるので3分あげよう、といった。その学生は、その3分を使って、投票に行こう、という話をした。なにかの受け売りではなく、自力で、深く考えた跡のあるスピーチだった。終わると、小さな拍手が起こった。短いけれど、大切な時間だった、と思えた。どちらの学生にとっても。

総選挙が終わった。結局、与党で3分の2超えという事態は変わらなかったが、その前も、後も、「選べない」という声が多く聞こえたように思う。あるいは「選びたい人も党もない」という声が。事実、投票率は52%ほど。ほぼ半数が棄権した。その声にならない呻《うめ》きを、聞きとる政治家はいるのだろうか。

選挙前、ネット上には、「投票」の意義をめぐる議論があふれた。誰を（なにを）選ぶのか、の一歩手前で、まず、選ぶということの意味が問われた。代表は「ポリタス」〈1〉に載った、いくつもの文章。「投票に行く」という人、「行こう」と誘う人、「もう行かない」と嘆く人。みんな、その結論に単純に行き着いたわけではない。考え尽くされた様々な結論が並び、壮観だった。

千木良悠子は「黙って行く」派〈2〉。あまり選挙に行かなかった若い頃を思い出し、年長者たちはなぜ「いいから黙って行け」といったのかを考えた。

「『民主主義』というものには形も色も味もない。キラキラしたコインの輝きもない。ただの角ばった四つの漢字の連なりであるし、現行の制度に問題は山積みなのかもしれないが、それは過去に同じ地に生きた人々が、命を懸けて勝ち取ったかけがえのない遺産であるらしい。あまりに大切な物を前にしたときに人は口をつぐむ。自由とか人権とか憲法とかいう言葉を前に少し神聖な面持ちで黙っていたあの大人は、身近な人かあるいは数十年前、百年前、一千年前に死んでいった人たちのことを悼んでいたのかもしれない」

それに対して森達也は「もう行かない」派〈3〉。選挙前から、与党の勝ちと結果はわかっている。おまけに、権力を監視する装置としてのメディアは「その機能を放棄しかけている。ほぼ現政権の広報機関だ」。どうしようもない。そして、悲しげに、こう書いた。

「だからもう投票には行かなくていい。落ちるなら徹底して落ちたほうがいい。敗戦にしても原発事故にしても、この国は絶望が足りない。何度も同じことをくりかえしている。だからもっと絶望するために、史上最低の投票率で（それは要するに現状肯定の意思なのだから）、一党独裁を完成させてほしい。その主体は現政権ではない。この国の有権者だ」

そして、しりあがり寿〈4〉。彼は「行く」派なのだが、ひどく困惑していた。なにしろ、選べないし選ぶ材料もないのだから。そして、彼は、必死の思いで、投票先を決めるのである。彼と同じ投票先を（同じ理由で）選んだ有権者も、多かったのではないか。

「とにもかくにもなんだかなーの選挙のクソッタレな民主主義だけど、ほかにない以上、こいつをなんとかしていかなきゃいけない。人と人、地方と地方、野党と与党、有権者と候補者の間――スキマだらけでバラバラのこの国が全員参加のダイナミックで密なネットワークで皆が納得する適切な意思決定の仕組みを作り上げたい。それには一体どうしたらいいのか？　うーん、今はわからない。全然わからない。ごめんなさい。

とりあえず、選ぶ候補者には全く自信がないけど、『民主主義を諦めてないぞ』ってことだけで投票にいく。投票先は民主主義だ。クソ民主主義にバカの一票」

くもをつかむような無力感の中で、それでも、わたしたち有権者は考えようとしていた。投票したい先は、現実の何かではなく、もっと先にある理想の何か。だが、実際には、仕方なく、現実の政党か人で我慢する。それには限界がある。政治家たちには気づいてほしい。さもなければ、有権者たちは、さらに先に進むだろう。

かつて、若い都市生活者の世界を描いた小説でデビューした田中康夫が、33年後、彼らの「いま」を描いた作品を書いた〈5〉。そこには、作者本人も登場する。その短くはない年月の中で、作者は練達の政治家になっている。33年前の作品には、当時の文化を象徴するブランドや店の膨大な注がついたが、新しい作品の注には、「政治」のことばが大量にみつかる。税、フランスの小さな基礎自治体、彼が長野県知事として行ったいくつかの、小さいけれど重大な施策、経済、この国のあり方、そして、作者の新しい政治のやり方（やことば）が、古い政治のシステム（やことば）とぶつかり、排斥されていった顛末《てんまつ》。

作品の最後で、作者はこう呟《つぶや》く。

「お金などにはとても換算出来ない、人間として生きて行くことの確かさを実感し合える営みなのだと思う。恋愛もヴォランティアも。そして、僕が足を踏み入れていた行政や政治も本来は」

理想と現実の狭間で葛藤し、産み出された端正なことばを読みながら、わたしは思った。こういうことばを選べる政治家が多ければ、有権者も絶望しないですむのだけれど、と。

2014・12・25

〈1〉「『総選挙』から考える日本の未来」（オンライン・政治メディア「ポリタス」、http://politas.

jp/）
〈2〉千木良悠子「輝かない宝物」（同、http://politas.jp/articles/299　２０１４年12月14日）
〈3〉森達也「もう投票しなくていい」（同、http://politas.jp/articles/307　２０１４年12月14日）
〈4〉しりあがり寿「クソ民主主義にバカの一票」（同、http://politas.jp/articles/283　２０１４年12月13日）
〈5〉田中康夫『33年後のなんとなく、クリスタル』（河出書房新社、２０１４年11月刊）

そこにはつねに、それ以上のことがある

イスラム過激派組織「イスラム国」に、ふたりの日本人が人質として捕らえられた。いまわたしがこの文章を書いている火曜深夜、事態は流動的だ。

爆笑問題の太田光はこの事件に関し、報道の問題として「黙ることが必要なときもあるんじゃないか」とテレビで語った〈1〉。太田光が沈黙を求めたほんとうの理由はわからない。けれど、いまのわたしは同じことを感じている。

テロにどう対処するのか、政府や国家、「国民」と名指しされたわたしたちは、こんな時どうすべきなのか。わたしにも「意見」はある。だが、書く気にはなれない。もっと別のことが頭をよぎる。

動画を見た。オレンジの「拘束衣」を着せられ、跪《ひざまず》かされ、自分の死について語る男の声をすぐ横で聞かされながら、ふたりはなにを考えていたのだろうか。その思いが初めにある。「意見」はその後だ。

同時代の誰よりも鋭く、考え抜かれた意見の持ち主であったにもかかわらず、スーザン・ソンタグは、「意見」を持つことに慎重だった〈2〉。

「意見というものの困った点は、私たちはそれに固着しがちだという点である……何ごとであれ、そこにはつねに、それ以上のことがある。どんな出来事でも、ほかにも出来事がある」

そこにはつねに、それ以上のことがある。目に見えるそれ、とりあえずの知識で知っているそれ。それ以上のことが、そこにはある。そのことを覚えておきたい。なにか「意見」があるとしても。

やはりイスラム過激派によるテロがフランスで起こった。「預言者ムハンマド」の風刺画を出した週刊紙「シャルリー・エブド」編集部が襲撃され、十数人が亡くなった。「表現の自由」が侵害されたとしてフランス中が愛国の感情に沸き立つ中で、フランスを代表する知の人、エマニュエル・トッドは、インタビューにこう答えた〈3〉。

「私も言論の自由が民主主義の柱だと考える。だが、ムハンマドやイエスを愚弄《ぐろう》し続ける『シャルリー・エブド』のあり方は、不信の時代では、有効ではないと思う。移民の若者がかろうじて手にしたささやかなものに唾《つば》を吐きかけるような行為だ。ところがフランスは今、『私はシャルリーだ』と名乗り、犠牲者たちと共にある。私は感情に流されて、理性を失いたくない。今、フランスで発言すれば、『テロリストにくみする』と受けとめられ、袋だたきに遭うだろう。だからフランスでは取材に応じていない。独りぼっちの気分だ」

トッドを「独りぼっちの気分」にさせたその国ではなにが起こっているのか。「移民2世や3世のイスラム教徒の若者は権利を奪われ、チャンスも未来もないと感じている。殺伐とした高層住宅が並ぶパリ郊外の貧困地区には、多くのイスラム系住民が暮らす。よほどの幸運か意志がなければ、そこを抜け出すのは不可能に近い」とジャニーン・ディジョバンニは書いた〈4〉。

ヨーロッパは多元的な文化の融和を目指してきた。だが、それは困難に直面している。「イスラム国」に象徴される、イスラム過激派を表立って支持する者はいない。だが、竹下誠二郎によれば、ある調査は「フランスでのISIS（イスラム国）への支持率は16%に達するが、移民のルーツを持ち、社会的に隔離されているか失業している若者に至っては27%にもなる」と伝えている〈5〉。

ヨーロッパの移民社会の若者たちは貧困と差別の中で、行き場を失いつつある。明るい希望がないなら、せめての希望は、自分を受け入れない豊かな社会が壊れる情景を見ること、となるだろう。

この、社会の深刻な分裂を糧にして、移民を排斥する極右は不気味に支持を伸ばしている。だが、これらすべては、わたしたち日本人にとって「対岸の火事」ではない。この国でも、貧困と差別は確実に拡大しつづけているのだから。

襲撃事件から数日後、「二十世紀のもっとも偉大な風刺漫画家」ともいうべきアメリカ人ロバート・クラムのインタビューが掲載された〈6〉。彼は四半世紀にわたってフランスに住んでいたのだ。

クラムは、ことばを慎重に選びながら、「表現の自由」を守れと熱狂するフランスへの静かな違和を語った。

「9・11の同時多発テロの時と同じだ。国の安全保障が最優先され、それに反するものは押しつぶされるのだ」

「それで、あなたは何をしているのですか?」と記者は重ねて訊《たず》ねた。

「わたしは(風刺)漫画を描いた。ひとりの臆病な(風刺)漫画家としてね」

クラムは「意見」を述べるのではなく、漫画を描くことを選んだ。

クラムが描いたのは、クラムらしき人物が申し訳なさそうに「ムハンマドの尻」と題された風刺画を抱えている画《え》だった。「シャルリー・エブド」の漫画家たちがムハンマドの顔を描いてイスラム教徒を挑発したことを逆手にとった画だった。しかも、その尻の持ち主ムハンマドはクラムの友人の名前だった。

そこで風刺されているのは、クラム自身、あるいは、この状況の下で右往左往する人びとすべてであるように思えた。

周りの熱狂から取り残されて、クラムの画は「独りぼっち」に見えた。だが、風刺とは、自分自身さえ例外にせず、あらゆる熱狂を冷たく笑うことだということをクラムは知っていたのだ。　2015・1・29

〈1〉太田光（爆笑問題）、テレビ番組「サンデー・ジャポン」での発言（2015年1月25日）
〈2〉スーザン・ソンタグ、2001年のエルサレム賞受賞スピーチ「言葉たちの良心」から（『同じ時のなかで』NTT出版、2009年刊、所収）
〈3〉エマニュエル・トッド、インタビュー「パリ銃撃テロ　移民の子、追い込む風潮」（「読売新聞」2015年1月12日付）
〈4〉ジャニーン・ディジョバンニ「フランスの衝撃、フランスの不屈」（「ニューズウィーク日本版」2015年1月20日号）
〈5〉竹下誠二郎「移民家庭出身の若者がイスラム国の戦闘員に　欧州に迫る新たな脅威」（「週刊ダイヤモンド」2015年1月17日号）
〈6〉ロバート・クラム、インタビュー「Legendary Cartoonist Robert Crumb on the Massacre

in Paris」（「ニューヨーク・オブザーバー」のサイト、２０１５年1月10日、英文、http://observer.com/2015/01/legendary-cartoonist-robert-crumb-on-the-massacre-in-paris/）

「怪物」は日常の中にいる

「人質問題」をめぐり、いくつかのことを考えた。一つは、湯川遥菜さんについて語られることが少ないということだった。確かに、彼の行動の多くは、理解に苦しむものだった。だが、わたしたちはそうではない、彼は特殊なのだ、といえるだろうか。その、人間的な弱さ（と見えるもの）も含めて、実は、彼は「ふつうの人」だったように思える。そのことが、わたしには、とても悲しかった。

それから、後藤健二さんの本を、手に入るだけ集めて読んだ。どの本にも、後藤さんが死線を超えて見つめた風景が映されていた。後藤さんの本の特徴は、そこで描かれているのが、特定の誰か、それもたいていは少年・少女であること。そして、本自体が少年・少女向きに易しく書かれていることだった。

家族を虐殺されたのに、その虐殺した人たちと共に暮らしていかなければならない国に生きる者の苦しみ〈1〉、麻薬をうたれて敵を殺し続け、そこから現実に復帰した少年兵の哀《かな》しみ〈2〉、学校に行ったことのなかった少女の葛藤〈3〉。かみ砕くには苦すぎる物語を、後藤さんはあえて「少年・少女」に向けて語った。なぜだろうか。後藤さんが見つけて来る物語に、聞く耳を持たないおとなたちに絶望していたからなのだろうか。

後藤さんと同じように（ときには同じ場所を）駆け回ったカメラマン・亀山亮はパレスチナで取材中、ゴム弾で左目を失明する。2003年のイラク戦争について彼は、日本のメディアの多くが危険な紛争地帯に自社スタッフを送ることに消極的になったとしてこう書いた〈4〉。

「フリーランスのジャーナリストたちの誘拐や香田証生君の処刑ののち、日本のメディアはヒステリックな自己責任論で個人へのバッシングを繰り返した。日本のメディアはなんの保障もせずにフリーランスをイラクに行かせ、問題が起きると即切り捨てる。その手口は、やくざな手配師と日雇い労働者の関係そのままだった」

それにもかかわらず、彼らはまた「戦場」に赴く。それは、「戦場」が、わたしたちにとって「遠い」出来事ではなく、わたしたちが享受している平和が実はか弱い基盤に載っていることを教えてくれるからだ。

「人質事件」をきっかけに、いわゆる「イスラム国」に関する論考がおびただしく現れた。「狂信的テロ集団」と呼び、「非人間的」と糾弾する声も多い。ほんとうに彼らは、想像を超えた「怪物」なのか。田原牧は、違う、という〈5〉。「彼らは決して怪物ではなく、私たちの世界がはらんでいる病巣の表出ではないか」「彼らをまったくの異物と見なす視点には、自らの社会が陥った〝狂気〟の歴史に対する無自覚が透けている」

想田和弘は、彼らがヨルダンのパイロットを焼き殺した動画を見て、そこにはハリウッド映画の「文法」があるように思えたと呟《つぶや》いた〈6〉。わたしも、その動画を（途中まで）見た。残虐だが、そこには、ある種の美意識さえあるように思えた。そのような残酷さは、人間だけが持ちうるのだ。田原は、こうも書いている。

「彼らがサディストならば、ましだ。しかし、そうではない。人としての共感を唾棄《だき》し、教義の断片を無慈悲に現実に貼り付ける『コピペ』。この乾いたゲーム感覚ともいえるバーチャル性が彼らの真髄《しんずい》だ。この感覚は宗教より、現代社会の病的な一面に根ざす」

だとするなら、わたしたちは、この「他者への共感」を一切排除する心性をよく知っているはずだ。「怪物」は遠くにではなく、わたしたちの近くに、いま日常的に存在している。

雑誌「現代思想」は、社会に蠢《うごめ》いている「反知性主義」とも呼べる、一つの考え方を特集した〈7〉。だが、その中で酒井隆史は「ネット上にあふれる排外主義、レイシズム、あらゆる差別の攻撃的な言語」について、そこにあるのは「反知性主義」というより、一種の知性主義であり、自らが「非知性」と断じるものへの強い嫌悪である、とした〈8〉。自分と異なった考え方を持つ者は、「知性」を欠いた愚か者にすぎず、それ故、いくら攻撃してもかまわない、という空気が広がる中で、日々「怪物」は成長し続けている。

1762年3月、ひとりの新教徒が冤罪《えんざい》によって処刑された。宗教的な狂信が起こした事件だった。それを知ったヴォルテールは「人間をより憐《あわ》れみ深く、より柔和にしたいとのみ念じ」不滅の『寛容論』を書いた〈9〉。ヴォルテールが見た光景は、わたしたちがいま見ているそれに驚くほどよく似ている。

本の終わり近く、彼は、どんな宗教の神でもなく、世界を創造したと彼が信じる「神」に祈りを捧げたが、250年たったいまも、その祈りはかなえられてはいない。

「われわれの虚弱な肉体を包む衣服、どれをとっても完全ではないわれわれの言語、すべて滑稽なわれわれの慣習、それぞれ不備なわれわれの法律、それぞれがばかげているわれわれの見解、われわれの目には違いがあるように思えても、あなたの目から見ればなんら変わるところない、われわれ各人の状態、それらのあいだにあるささやかな相違が、また『人間』と呼ばれる微小な存在に区別をつけているこうした一切のささやかな微妙な差が、憎悪と迫害の口火にならぬようお計らいください」2015・2・26

〈1〉後藤健二『ルワンダの祈り』（汐文社、2008年刊）
〈2〉同『ダイヤモンドより平和がほしい』（同、2005年刊）
〈3〉同『もしも学校に行けたら』（同、2009年刊）
〈4〉亀山亮『戦場』（晶文社、2015年1月刊）
〈5〉田原牧「『イスラーム国』に浮足立つな」（「週刊金曜日」2015年2月13日号）
〈6〉想田和弘のツイートから（https://mobile.twitter.com/kazuhirosoda/status/562673678937518081 2015年2月3日）
〈7〉特集「反知性主義と向き合う」（「現代思想」2015年2月号）
〈8〉酒井隆史「現代日本の『反・反知性主義』?」（同）
〈9〉ヴォルテール『寛容論』

「知らない」から始まる

高校2年の夏休み、8月6日を広島で過ごそうと、友人と神戸からヒッチハイクをした。5日夜遅く、市内に入り、休むため原爆ドームの中に侵入した。結局眠れぬまま、辺りをうろついていて、子分を連れた若いヤクザに呼び止められた。

「なにしとんじゃ?」

神戸から来た高校生だと答えると、男の表情が緩んだ。わたしたちは近くに腰を下ろし、話をした。男は、慶応の大学院でスタンダール〈1〉を研究していたが、親が組長でその跡を継ぐために戻った、といった。今日、大きな出入りがある、あんたらが最後の話し相手になるかもしれん、と。明け方近く、わたしたちは別れた。男がしゃべったのはほんとうのことだったのだろうか。そのスタンダールの話は、とても魅力的だったのだが。

それから6年後、広島のヤクザたちの抗争を、事実をもとに描いた一本の映画が公開された。そのタイトルは「仁義なき戦い」といった〈2〉。

映画の冒頭、巨大なきのこ雲が映る。舞台は敗戦直後の広島県・呉。焼け跡の中、台頭してきたヤクザたちは、生きるために争う。そこで、彼らは「親（分）」と呼ぶもののために、生命を投げ出すのだが、一方で「親」は、子どもである彼らを単なる金もうけの手段としか見ない。そして悲劇が生まれる。観衆は、そこに、「天皇」と「兵士」や「国民」の関係をも思い浮かべることができた。

この巧妙なドラマの脚本を書いた笠原和夫は、海軍の若年兵として広島で暮らし、投下された原爆の光ときのこ雲を見た。「仁義なき戦い」シリーズのうち笠原が参加した4本は、高度成長期を描いた「頂上作戦」で完結する〈3〉。そのラストシーン、主人公が「もう、わしらの時代は終《しま》いで」と呟《つぶや》いた後、第一作のきのこ雲に呼応するかのように原爆ドームが浮かび上がり、ナレーションが流れる。

「こうして……やくざ集団の暴力は市民社会の秩序の中に埋没していった……だが、暴力そのものは、いや、人間を暴力にかり立てる様々の社会矛盾は、決して我々の周囲から消え去った訳《わけ》ではない」

雑誌「現代思想」の特集〈4〉は、先頃亡くなった俳優、菅原文太。「仁義なき戦い」で主人公、広能昌三を演じた。

菅原は晩年、政治的活動に踏み出し、「行動する知識人」とも見なされるようになった。

農業を営みながら、ラジオや雑誌や様々な現場で、夥《おびただ》しい人たちと、社会のあり様について話しつづけた。

東日本大震災直後、わたしは『恋する原発』という小説を書いた。アダルトビデオの監督たちがチャリティーAVを作るという、不謹慎な（？）内容ゆえにか、相手にされることは少なかった。数少ない例外が、菅原からの対談の依頼だった。会って最初の一声が、「あんたの小説は面白いが、難しいねえ。説明してくれるかい？」だった。

対話に際して、菅原の特徴は、まず「知らない」と宣言することだ。

俳人・金子兜太への最初の一言。

「俳句はまったくの門外漢でありまして。残念ながら金子さんの俳句も……」

後輩で憲法学者の樋口陽一には、

「オレは早大法学部中退なんだけど、じつは日本国憲法をよくよく読んだのは今回が初めてなんだ（笑）」〈5〉

では、菅原は不勉強な人間だったのか。書店「東京堂」に勤めていた佐野衛は、毎回、真剣勝負のようだった、菅原の膨大な注文について書き、こう感想を漏らした〈6〉。

「このひとはただの読書家ではない。おそらく自分のなかにつねに問題意識をもたれていて、本は読まれるが自分の確認したいことが書いていなければ、その本は意味のない本なのだ」

「反知性主義」のタイトルを掲げた本が次々と出されている。その中の一つで、内田樹は、こう書いている〈7〉。

「バルト〈8〉によれば、無知とは知識の欠如ではなく、知識に飽和されているせいで未知のものを受け容《い》れることができなくなった状態を言う」

逆にいうなら、「知性」とは、未知のものを受け入れることが可能である状態のことだ。菅原のように、である。

森本あんりの『反知性主義　アメリカが生んだ「熱病」の正体』〈9〉は、「反知性主義」ということばの源流にまで遡《さかのぼ》り、その本来の意味を考えた。

「反知性主義には……単なる知性への反対というだけでなく、もう少し積極的な意味を含んでいる……知性そのものでなくそれに付随する『何か』への反対で、社会の不健全さよりもむしろ健全さを示す指標だったのである」

そして、森本は「知性と権力の固定的な結びつき」や「知的な特権階級が存在すること」に対する反感が、本来の「反知性主義」が意味するものだとした。

戦後そのものの映像化であるような「仁義なき戦い」だけではなく、多くの作品で、菅原は、歴史の決定的な瞬間に立ち合う役を演じているが、菅原が演じたのは、森本のいう

「本来の反知性主義」者が多かったような気がする。

有名校の秀才から歩み始め、演技という現場から、身体で「知識」を吸収していった。「知識人」になった後の菅原と、俳優・菅原文太との間に齟齬《そご》が感じられなかったのは、彼が、演じることを通じて、自然に「知識」を、いや「知性」を身にまとっていったからなのかもしれない。そのことは、実はひどく難しいことなのだった。2015・3・26

〈1〉スタンダールはフランスの作家。『赤と黒』（1830年）など。

〈2〉映画「仁義なき戦い」（深作欣二監督、主演・菅原文太、1973年）

〈3〉笠原和夫『シナリオ　仁義なき戦い』（電子書籍、幻冬舎アウトロー文庫、2014年9月刊）

〈4〉特集「菅原文太　反骨の肖像」（「現代思想」4月臨時増刊号）

〈5〉菅原文太と免許皆伝の達人たち『ほとんど人力』（金子兜太・樋口陽一らと対談、小学館、2013年7月刊）

〈6〉佐野衛「菅原文太さんの書店訪問」（「現代思想」2015年4月臨時増刊号）

〈7〉内田樹編『日本の反知性主義』（晶文社、2015年3月刊）

〈8〉ロラン・バルトは、20世紀のフランスの思想家。

〈9〉森本あんり『反知性主義　アメリカが生んだ「熱病」の正体』（新潮選書、2015年2月刊）

「民主主義」を探して――あとがき

高橋源一郎

朝日新聞から「論壇時評」を書かないか、と誘われたのは、2010年の終わり頃のことだった。

どうしよう。ぼくは、最初に、断るべき理由を考えた。それなら、いくらでも考えつくことができた。

（その1）そもそも、ぼくは小説家で、小説家の主な仕事は、フィクションあるいは物語を作ることであり、余計なことに首を突っこむ時間なんかない。

（その2）少々、時間に余裕があったとしても、「論壇時評」で扱うようなテーマ、社会のこと、政治のことを、深く突っこんで勉強するような時間はない。

（その3）いや、仮に、そのために割ける時間があるとして、それが、小説家としてのぼくになんの役に立つのか。政治や社会のことばは、小説家の源泉にある大切な泉を干からびさせてしまうんじゃないだろうか。

（その4）仮に、ほんとうに仮に、時間があって、それが小説家としてのぼくに役に立つとして、なにについて、誰に、どう書けばいいのか。

そんな風に理由をあげながら、どうしてそんなに断りたいのだろう、とぼくは思った。まるで逃げ回っているみたいじゃないか。もしかしたら、ぼくは、ほんとうは、どこかでその仕事をやりたがっていて、でも、やり始めたらたいへんそうだから、断る理由を探しているのかもしれない、と。

ぼくは三十年以上前から小説家として過ごしてきた。小説を書くことは苦しいけれど楽しいことだった。小説以外のことはあまり書かないようにしようと思っていた。だからといって、小説以外のものごとに、興味がなくなる、というわけではなかった。なぜなら、小説は、世界のすべてを扱うものだと思っていたからだ。

気がつくと、少しずつ、小説以外のことも書くようになっていた。小説以外のことを書きながら、実は、そのどれもが、小説に関係あるんじゃないか、と思った。いや、小説に関係のないことなんかないんじゃないか、とさえ思うようになったのだ。

そうやって、ぼくの「世界」もまた広がっていった。

たとえば、読者のことを考えるとき、目の前の読者、いま読んでくれている読者だけではなく、いつか読んでくれるかもしれない読者のことを考えるようになった。10年先の、100年先の、あるいはもっと未来の読者。それから、日本語を読む読者だけではなく、（もしかしたら翻訳された）別のことばで読んでくれる読者。あるいは、人間なんかもう存在しなくなった地球にやって来た、別の星の生きものの「読者」（読者とは呼べないかもしれないけれど）。

そんな遠い未来の目から、ぼく自身を見た。ぼくは、ある特定の時代に生きて、その時代の考えやことばに制約されている。千年先から見たぼくは、滑稽だろう。けれども、その制約の中で、精一杯のことをやってみたい。そんな風に思った。未来の読者から、「あなたが生きていたその世界ではなにがあったのですか？」と訊《たず》ねられたら、「こんなことがあったんだよ」と答えたいと思った。遥《はる》か遠くにまで届くことばを作れたらいいなと思った。小説は、そのために書いていたんだ。

結局、ぼくは「論壇時評」を引き受けた。ぼくが生きている、この国、この時代のことを知りたい、知って、それを誰かに伝えたい、と思った。どんなことができるのか、は皆目わからなかったが。

連載のスタートは2011年4月と決まっていた。そのひと月前に「東日本大震災」が起こった。この国は、（おそらく）かつて一度も体験したことのない未知の混乱に入りこんでいったように見えた。だから、ぼくは、一回一回の「時評」を、ほんとうに手探りするように書いていくしかなかった。大きな声、大きな音が、この社会に響いていた。だからこそ、可能な限り耳を澄まし、小さな声や音を聞きとろうと努めた。もう若々しくはなくなったのかもしれないけれど、できるだけ、自分の感受性を開き、微細な電波をキャッチしようと思った。

次々と大きな事件が起こり、そのたびに社会は揺れ動いた。そして、ぼくも揺れ動いた。この本の最初と終わりで、考えが変わったこともある。もちろん、いまも、ぼくは揺れつづけている。

すぐに、ぼくは社会や政治について語ることばを、実は、誰も持っていないのではないだろうか、と思うようになった。そして、社会や政治のことを書くためのことばを探しながら、ぼくは書いていった。けれど、そのことばなら、知っているような気がした。小説のことば、文学のことばは、こんなとき、こんな場合にこそ、その力をもっと発揮できるように思えた。うまくできたかどうかはわからない。読んでもらえると、うれしいけれど。

最後に、この本のタイトルを『ぼくらの民主主義なんだぜ』にした理由について書く。ぼくは、この国のいまをずっと見つめていた。もちろん、「いま」を知るためには過去も知らなきゃならない。未来もまた。

やがて、ひとつのことばが浮かび上がってきた。「民主主義」ということばだ。ぼくにとって、それは、通常使われているのとは、少し違った（でも、そんなには違わない）意味を持つことばだった。

「民主主義」とは、たくさんの、異なった意見や感覚や習慣を持った人たちが、一つの場所で一緒にやっていくためのシステムのことだ。だから、ものすごく小さな場所（たったふたりだけ）から、ものすごく大きな場所（世界全体）まで、それぞれに違った「民主主義」があるはずだ。ぼくたちはひとりで生きていくことはできない。でも、他人と生きることはとても難しい。だから、「民主主義」はいつも困難で、いつも危険と隣り合わせなものだ。誰でも使える、誰にでもわかる、「民主主義」なんてものは存在しない。

ぼくたちは、ぼくたちの「民主主義」を自分で作らなきゃならない。

他人と一緒にやってゆくこと……それは、ぜんぜん特殊なことじゃないし、政治家たちの占有物でもない。いろんな場所でいろんな人たちがいろんなやり方で、「民主主義」を実現している。

思えば、文学もまた、ある種の「民主主義」の、壮大な実験の場所だといえるかもしれない。そこには、遥か昔、亡くなった人間もいれば、異なった言語の持ち主もいる。時間も空間も違うものがごっちゃになった場所に人々（やことば）が集まって、それでも、共通のなにかを探り合い、みんながわかり合えるルールを、いつも探している。ぼくが頁を開くと、そこには、もう二千年も前に死んだ、異国の詩人のことばが並んでいて、それなのに、そのことばは、ぼくの胸を喜びで一杯にする。

そうだ。ぼくたちは、ひとりで、何種類もの「民主主義」に参加している。政治家たち、ジャーナリズムがいう「民主主義」は、その中の一つにすぎない。そして、その実現の仕方は、無数にあるはずだ。ひとりひとりの「ぼくらの民主主義」が。

この本のタイトルは、ぼくが大好きだったナット・ヘントフの『ぼくらの国なんだぜ』という小説からとった。アメリカという国、その「民主主義」のあり方について悩む、少年たちの物語だ。

ヘントフさん。あなたの書いたことばが、ずっとぼくの中にあって、時間をかけて、ここで芽を出すことになりました。お礼をいいます。

最後に、この本が成り立つためにお世話になった、たくさんの人たちに感謝のことばをおくります。とりわけ、4年間、毎月一度、集まって、それぞれの専門分野（だけではなく、もっといろいろ）の話を聞かせていただいた6人の論壇委員（小熊英二、酒井啓子、菅原琢、濱野智史、平川秀幸、森達也）のみなさん。あの委員会は、学生の頃、まったく授業に出なかったぼくにとって初めての「大学」でした。

そして、「論壇時評」を書きませんか、と声をかけていただいた、朝日新聞の塩倉裕さん。この本に収められた48本の原稿は、どれも、深い読解に支えられた、彼の厳しいチェックを受けています。最高の「批評家」と共に仕事ができました。ありがとうございます。

高橋源一郎　たかはし・げんいちろう

1951年生まれ。作家、明治学院大学国際学部教授。横浜国立大学経済学部中退。1981年『さようなら、ギャングたち』で第4回群像新人長編小説賞優秀作、1988年『優雅で感傷的な日本野球』で第1回三島由紀夫賞、2002年『日本文学盛衰史』で第13回伊藤整文学賞、2012年『さよならクリストファー・ロビン』で第48回谷崎潤一郎賞受賞。著書に『官能小説家』『一億三千万人のための小説教室』『性交と恋愛にまつわるいくつかの物語』『13日間で「名文」を書けるようになる方法』『「悪」と戦う』『恋する原発』『非常時のことば　震災の後で』『ぼくらの文章教室』『101年目の孤独　希望の場所を求めて』『「あの戦争」から「この戦争」へ　ニッポンの小説3』『動物記』など多数。

朝日新書
514

ぼくらの民主主義《みんしゅしゅぎ》なんだぜ

2015年5月30日第1刷発行

著者　高橋源一郎

発行者　首藤由之
カバーデザイン　アンスガー・フォルマー　田嶋佳子
印刷所　凸版印刷株式会社
発行所　朝日新聞出版
〒104-8011　東京都中央区築地5-3-2
電話　03-5541-8832（編集）
　　　03-5540-7793（販売）

Published in Japan by Asahi Shimbun Publications Inc.
ISBN 978-4-02-273614-7
定価はカバーに表示してあります。

落丁・乱丁の場合は弊社業務部（電話03-5540-7800）へご連絡ください。
送料弊社負担にてお取り替えいたします。